まるごとわかる！

会社設立と運営の教科書

行政書士法人ルクロー代表社員　行政書士
中村真由美 著

ナツメ社

ぽか ぽか
ぽか ぽか
出張 鬼退治
出張 鬼退治
ジリリリリリッ
ジリリリリリッ
ジリリリリリッ
ハイ もしもし
桃太郎印の鬼退治サービスです！
普通の鬼が３匹ですね
ではお名前とご住所を……
ハイ！
ハイ！
困っていませんか？鬼
すぐ参ります！
鬼退治

鬼
でぇぇぇ
ええ———い!!!
片づき
ました！
個人で事業
なんて
大変だねぇ
自分でも
俺はよく
やっていると思うけど、
平気
です！
すぐに
領収書を
ご用意いたし
ますね！

鬼の数が多すぎて一人ではなかなか依頼に対応しきれない……
またすぐ鬼が出たぞ！なんてクレームもあったし……
安心のアフターサービス!!
無料!!
出張鬼退治
ただいまー
鬼退
鬼退治
ジリリリリリッ
ジリジリリリッ
ハイっ ただいまぁ!!
でえええぇえええ———い
でいっ
た、ただいま……
鬼退

その夜――
どれ
桃のやつに
かゆでも
運んで
やるかの
毎日よう
がんばっとる
ようですねえ
人を雇う
べきかな？
それとも……
カタ
カタ
カタ
カタ
あ、
これは!?
ワンランク上の
鬼駆除アイテム♪
絶賛発売中！
買い物かご
「伝説の名刀
KIBIKIBI剣
これがあれば
一振りで千匹の鬼を
倒せます（はあと）」
千匹!? 値段は……
年収の数倍!!!
（でもぜひ欲しい）
俺の事業は
軌道に乗った
とはいえ……
現状維持で
精いっぱいでもある
この
KIBIKIBI剣
さえあれば
現状変更できる
はずなのに……
ぐる
ぐる

うあぁぁ〜
お金が欲しいい！
資本金？……が足りんのか桃太郎
おじいさんっ
なら村の銀行さ行って相談するとええ
金のことなら銀行のゲンさんに聞くんがいちばんじゃ
確定申告書の写しを持つんも忘れんとな
さあかゆくえ
ありがとうでも銀行にあるのは俺のお金じゃないんですよ
KIBI KIBI剣はもう遠い夢の話……なんですよ

ようこそ
桃太郎さま
担当のゲンと
申します
本日は
ご融資の
ご相談ですね？
村銀
ご融資の
ご相談なの
では？
ゲン
①KIBI
KIBI剣
②お金がない
③借りればいい
ハイ！
ご融資の
ご相談に
参りました！
なるほど
融資……!!
融

融資で剣を買っても増えた利益で元は取れるはず！
なるほど個人事業主として鬼の駆除を……
現状変更のチャンス！
つまり
桃太郎さまは法人ではないのですね？
お力になれないかもしれません
申し訳ございません
……
……
…
……
……？
え、なぜですか……
法人ではないんですよね？
法人ではない桃太郎では融資にも限界がある
ゲンをもってしてもこの金額かと……
KIBI KIBI剣を得るには到底足りない
……了解です
それがゲンさんの結論だった

ゲンさんのおかげでわかったこと
KIBIKIBI剣を手に入れるには融資が必要
巨額の融資は
つまり
法人でなければ難しい
法人ってやつになればいい!
あいわかり申した!!
がんばれよー
法人化の具体的な方法をご紹介します!

CONTENTS

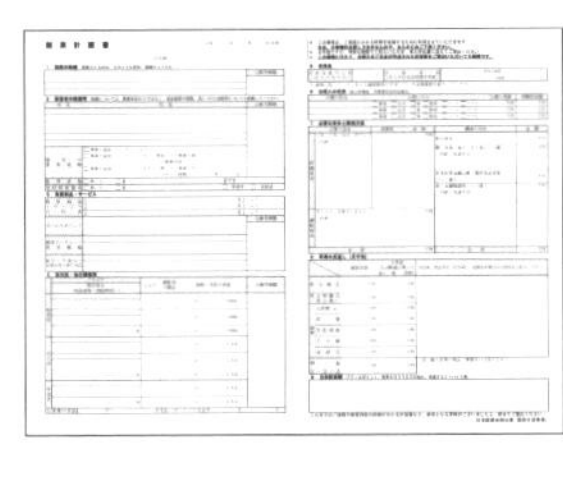

CONTENTS

CHAPTER 03

会社設立の流れを確認しよう

CHAPTER 04

会社設立後にすること

CONTENTS

CONTENTS

会社を作るってどういうこと？

どうしても法人化するというのかい
桃太郎や
はい
わたしには伝説の名刀「KIBI剣」が要るのです
より多くの人々を鬼の悩みから救いたいのでございます！
そして「法人」なる者こそ
その剣の使い手にふさわしいというのなら、
すっ
法人でしたらご融資もしやすくございます

村を出て立派な法人になって
融資を受けて帰ってまいります！
があーん…
も、桃太郎……
おじいさんっ

ようし
でけた
ほうれ
ばあば特製のきびだんごじゃぞ
きっと役に立つたんと持ってゆけ
ありがとうおばあさん
よし！できたぞい
じいじの念をこめた旗も、さ持ってゆけ桃太郎！
おじいさん……

こうして
俺は
多額の
融資を
得るべく、
ぎゅっ……
ぎゅっ
ぎゅっ
法人化
旅立つ
「法人」の
道へ
行って
きます！
法
鬼退治
ところで
「法人」とは
何じゃ
ろう？
ばあさん
のう
ぜひ
1章を
お読み
下さい

SECTION 01

法人とは

法人格について理解しよう

法人は法律上の「人」？

会社設立を考え始めたら、まず知っていただきたいのが「**法人**」という言葉です。事業をしている人もこれから始めるという人も、一度くらい法人という言葉を聞いたことがあると思います。**法人とは、法律によって人格を持っていると認められた組織や団体のこと**です。実際の人ではないけれど、法律上では「人」と見なされています。

法人と自然人は何が違うのか

実際の「人」ではなく、法律上の「人」というのはどういうことでしょうか。それには、「法人」と「自然人」という言葉を知る必要があります。法人と自然人は、法律によって認められてはいるものの実在はしない「人」と私たちのように実在する「人」とを区別するために用いられてる言葉です。私たち人間に、人として生きていく上で認められている権利や義務があるのと同様、法人も、設立して登記が完了した時点で法律上人としての権利や義務が発生します。このことを「**権利や義務の主体になる**」といいます。聞きなれない表現ですが、自らの判断で決断し行動できるようになるという意味になります。

法人格を持つとできること

あなたが会社を設立する場合、法律で定められた手続きをすることで、あなたの会社は法人として認められます。すると、会社の名前で売買や契約を交わすことが可能になります。法人は、法律上存在していると見なされているだけですから、当然、私たち自然人のように姿かたちがあるわけではありません。でも法律上で人格を所有していると認められることによって、人と同様の行為ができるようになるのです。

権利義務の主体になるとできること

銀行口座の開設　契約行為　売買行為　訴訟

POINT!

法人は法律上、人として扱われます。法人格を認められて権利義務の主体となると、これまで個人の名義で行っていたことが、法人の名義でできるようになります。
例えば、売買や不動産の賃貸契約、車の購入、商品の仕入れ、雇用などがあります。

SECTION 02

法人の種類はいろいろ

私たちが設立できる「私法人」

法人は、国や地方自治体などの「**公法人**」と、株式会社やNPO法人、労働組合などの「**私法人**」の2つに分けられます。公法人は**国や地域の目的を遂行するために設立される法人**のことで、公的な活動が行われる組織や団体を指します。一方、**私法人は公法人以外の法人**のことで、それぞれ**独自に目的を持って設立される**組織や団体を指します。

営利法人と非営利法人の違い

私法人は、さらに「**営利法人**」と「**非営利法人**」に分かれています。営利法人は**言葉のとおり営利を目的とする法人**のことです。営利目的と言われてもピンとこないかもしれませんが、要はお金儲けをして利益を得て分配することを目的としているということです。一方で非営利法人は非営利ですから法人の目的は利益分配ではありません。団体によってそれぞれ目的は異なりますが、**社会貢献などが目的になることが多い**です。

営利法人には、株式会社や合同会社、合名会社、合資会社などがあり、非営利法人には、NPO法人や学校法人、社会福祉法人、財団法人などがあります。

ここで一点、非営利法人のよくある勘違いについて補足しておきます。非営利法人についてよく質問されるのは「非営利法人だとお金を儲けてはいけないのですか？」ということです。確かに非営利法人は、利益分配のために存在する法人ではありません。ですが現実的に考えれば、事業を運営していく上で「儲け」をきちんと出していかなければ運営できません。ですから非営利法人であっても、目的を侵さない限りは「儲け」を出すことは認められています。ちなみに出した「儲け」の使い途は、既存事業や新規事業への投資に遣われることが一般的です。

法人の種類はいろいろ

- 法人
  - 私法人
    - 非営利法人
      - 一般社団法人：「一般社団法人及び一般財団法人に関する法律」で認められた任意団体のこと。
      - 一般財団法人：一般社団法人と同じく任意団体だが、一般社団法人とは違い「財産」の集まりに対して与えられる法人格のこと。
      - 特定非営利活動法人（NPO法人）：Non Profit Organaizationの略で、政府や自治体、企業などが扱いにくい社会課題の解決のために活動する法人のこと。
    - 営利法人（会社）
      - 株式会社 ------ 有限会社：会社法の改正により、株式会社との違いがほとんどなくなったため、現在では新設できなくなっている。
      - 持分会社：事業を行う人と出資する人が同じになる。「持分」とは出資の単位のことで、株式会社でいう「株式」と同じ。
        - 合資会社：債務に対しすべての連帯責任を負う「無限責任」と出資額までの責任を負う「有限責任」の両方の要素を持つ法人のこと。
        - 合名会社：会社の債務に対する責任の範囲は無限で、出資者は会社の債務に対しすべての連帯責任を負わなくてはならない。
        - 合同会社（LCC）：他の2つの持分会社とは異なり、有限責任の出資者で構成され、会社の債務に対し出資額までの責任を負う。
  - 公法人
    - 国、自治体：国や地方自治体は「公法人」と呼ばれ、国民またはそれぞれの地域住民のために事業を行う。

POINT!

営利法人と非営利法人の大きな違いは、利益分配を目的とするかしないかという点です。利益分配というのは、事業を通して得た利益を株主など会社へ出資してくれた人へ分配することです。非営利法人の場合は、たとえ利益が出てもその利益は全て活動資金に充てるなどして、分配することができません。

SECTION 03

会社の種類

会社について理解しよう

設立できる会社は4種類

前項では「株式会社」や「合同会社」などと、「会社」という言葉が出てきました。

会社とは、会社法上で定められている言葉で、営利を目的として設立された法人のことを指します。会社法は、会社の設立や組織、運営について定めた法律であり、設立できる会社の形態として次の4つが規定されています。その4つとは、「**株式会社**」「**合同会社**」「**合名会社**」「**合資会社**」です。

株式会社と持分会社の違いを知る

先ほど出てきた4つの形態は、資金集めの方法や、出資者の責任の範囲によって「株式会社」と「持分会社」の2つに分類することができます。

まず資金集めにおいて、株式会社を設立する時は、「株式」という証券を発行して会社の資金を集めますが、持分会社の場合は、経営者となる人が会社に出資します。また、**株式会社の場合は出資者と経営者が異なる**こともありますが、**持分会社の場合は出資者と経営者が同じ**でなくてはなりません。

次に、出資者の責任の範囲には、「有限責任」と「無限責任」があります。責任の範囲とは、例えば**会社が負債を抱えた時などの責任を、債権者に対してどこまで負うか**という意味です。有限責任の場合は、出資額は失いますが、それ以上に会社が負った債務に対する返還責任はありません。それに対し無限責任は、会社が事業を行う上で発生したすべての債務に対する返還責任を負わなければなりません。

ちなみに4つの会社形態のうち、有限責任なのは株式会社と合同会社、無限責任は合名会社です。合資会社に関しては、有限責任と無限責任の混合型となっています。

会社の形態

会社とは、「営利を目的とする社団法人」

営利を目的とする ＝ お金儲けをして利益を得ることを目的とすること

社団 ＝ 人が集まってできた団体

社団法人 ＝ 法人格を持つ人の集まり

会社の種類

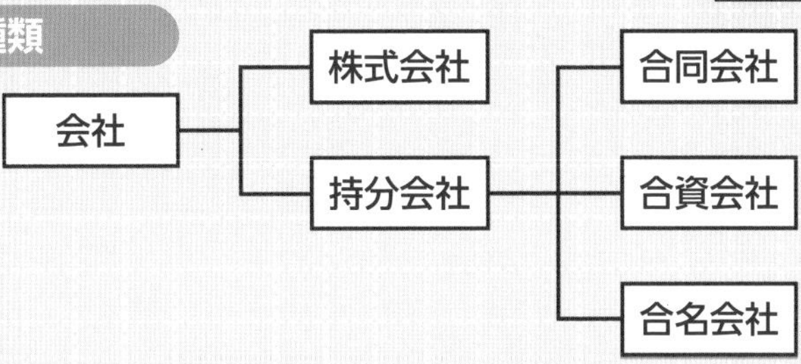

- 会社
  - 株式会社
  - 持分会社
    - 合同会社
    - 合資会社
    - 合名会社

持分会社について理解しよう!

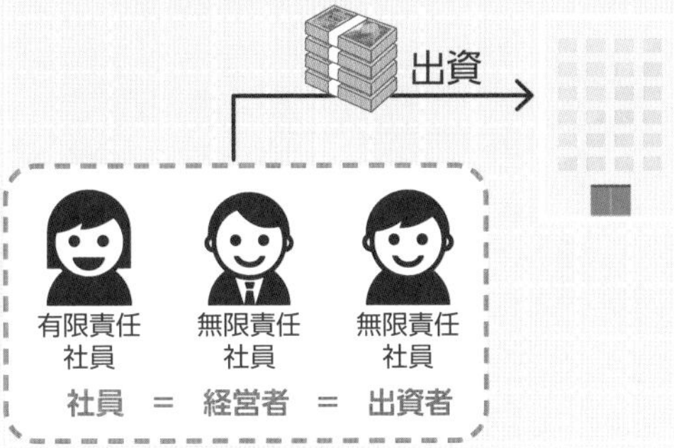

合同会社	有限責任社員のみで構成
合名会社	無限責任社員のみで構成
合資会社	無限責任社員と有限責任社員の両方で構成

POINT!

会社が倒産した場合に、会社の負債のすべてに責任を負う社員を「無限責任社員」といいます。会社に出資した範囲内だけで責任を負う社員のことを「有限責任社員」といいます

SECTION 04

株式会社とは

株主に与えられる権利は？

株式会社とそのしくみとは

株式会社は、4つの会社形態のうち最も設立数が多く、社会的信用性も高い形態です。株式会社は、株式を発行して会社の資金を集め、事業を展開させていきます。経営者としては、多くの人から出資してもらうことでより早くたくさんのお金を集めることができますから、積極的な経営が行えるところが株式会社の魅力です。

会社を運営するために出資してくれる人を「株主」といいますが、株主は、出資する代わりにその証明として株式を受け取り、会社の経営がうまくいき利益が出た時には、その利益から配当金を受け取れるというしくみです。

株主は、出資した会社に対し「**自益権**」と「**共益権**」という2つの権利を手に入れることができます。自益権とは、**株式の配当などを受ける権利**のことで、共益権は、**その会社の経営に関わる権利**のことです。

株式の数で会社に与える影響の大きさが決まる

株主は自分の持っている株式の数に応じて、平等に「**議決権**」を持つことができます。株式会社では、定期的に株主総会を開かなければならない決まりがあり、株主総会で何かを決めるには、過半数から3分の2以上の賛成を得なくてはなりません。ちなみに議決権というのは、株主総会などで**会社から提案されるさまざまな事案に対し意思表示ができる権利**です。しかし、株式さえ多く持っていれば誰にでも権限が与えられることは、経営者としては困るところです。原則として株式は自由に他人に譲渡できるものなので、一歩間違うと経営者の実現したい経営ができなくなる状態になる可能性もあるからです。そこで、会社が許可した人だけしか株式を譲渡できないよう、株式を「譲渡制限付株式」にすることもできます。

株式会社のしくみ

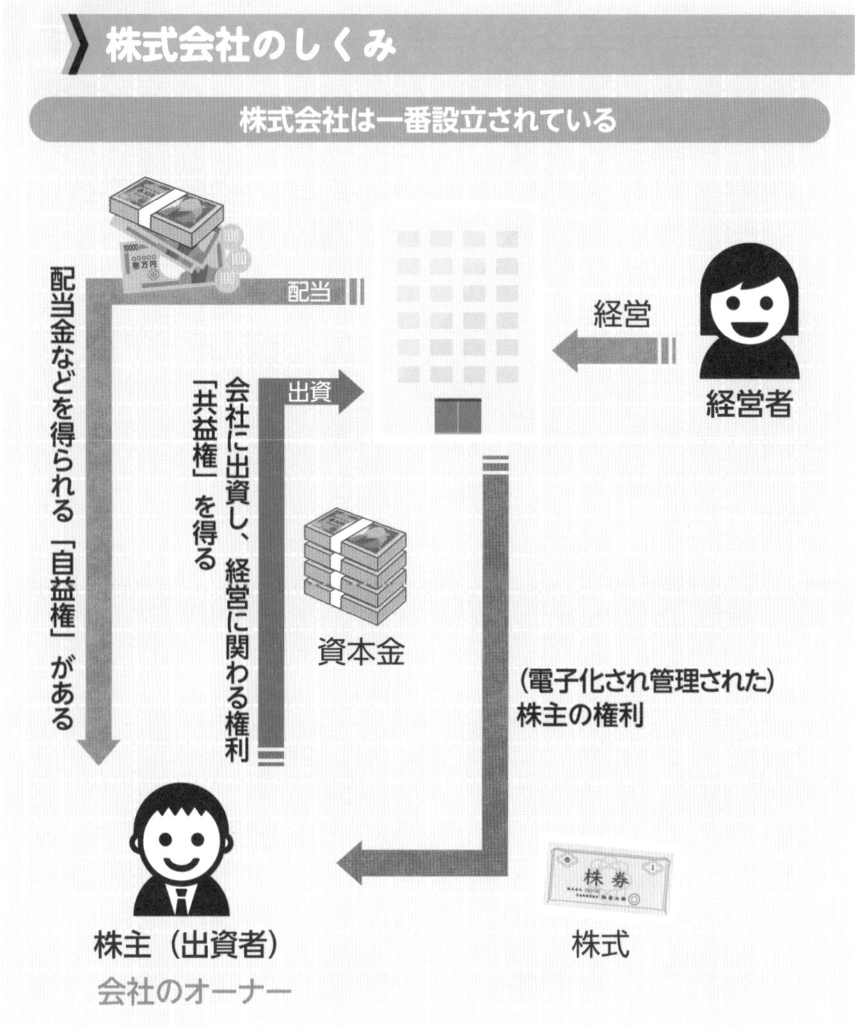

株式会社は一番設立されている

配当

配当金などを得られる「自益権」がある

出資

会社に出資し、経営に関わる権利「共益権」を得る

資本金

経営

経営者

(電子化され管理された)株主の権利

株主（出資者）

会社のオーナー

株式

POINT!

小さな会社はまず譲渡制限付株式を発行します。

SECTION 05

公開会社と非公開会社

公開会社と非公開会社はどちらがよい？

会社法では、譲渡制限付株式を発行する非公開会社は、取締役1人でも会社が設立でき、取締役会（P72）の設置も不要であるなど、公開会社より少ない負担で会社を設立できます。ちなみに、譲渡制限付株式を発行するのは非公開会社だけでなく公開会社でも発行できます。公開会社では役員・従業員に対する報酬として発行されることもあるようです。

非公開会社から公開会社になるときとは？

会社の規模が大きくなると、会社が発行する株式の数や株価なども大きくなります。そこで会社はさらに成長するために株を公開株にし、より多くの人から出資してもらえるよう、株を証券会社の店頭で売買するために日本証券業協会に登録します。このように、店頭で売買されるようになった株のことを店頭公開株式といい、株式の取引を専門に行う場所のことを証券取引所といいます。

特定の人しか株を持てない「譲渡制限付株式」とは？

もともと株式会社は、自分だけで事業に必要な資金を集めることが大変なところを、株式を発行することでお金を集めることができるというしくみになっています。

例えば会社を興すのに300万円必要だとしましょう。でも300万円を自分だけで用意するのは大変なので、1株1万円の株式を発行して出資してくれる株主を募ります。集まった株主のうち1人が250万円を出資して250株所有したとすると、残りの株は50株になります。そうなると、250株所有している人の会社に対する発言権は強くなります。このとき、仮に経営者以外の人の発言権が強くなってしまうと、会社を乗っ取られてしまう可能性が高くなってしまいます。そうしたことを防ぐために、会社は**「譲渡制限付株式」**を発行するというわけです。

株式の譲渡制限がないとどうなる!?

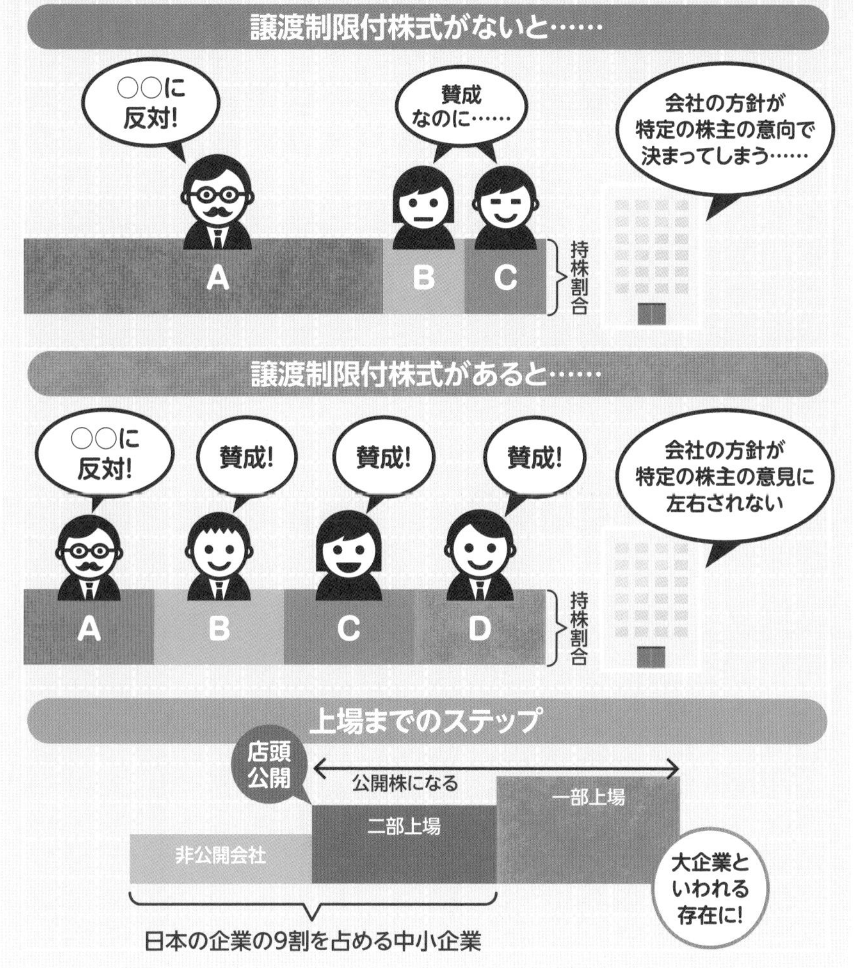

譲渡制限付株式がないと……

譲渡制限付株式があると……

上場までのステップ

POINT!

「譲渡制限付株式」を設けている会社を「非公開会社」といい、制限のない会社を「公開会社」といいます。ちなみに本書で取り扱う小さな会社の多くは、非公開会社です。

SECTION 06

合同会社とは

増えている合同会社の設立

アメリカで誕生した合同会社

株式会社の次によく設立されているのが「合同会社」です。

合同会社は、2006年に会社法が改正された時に新たに誕生した会社形態です。合同会社はアメリカで多く普及している会社形態で、LLC(Limited Liability Company)といわれます。株式会社と比べると、設立総数の少なさから株式会社よりも社会的信用性は劣りますが、最近では**設立数が増加傾向にあり、人気が出てきている会社形態**です。合同会社は株式会社よりも信用面で劣るとはいいましたが、実は、誰もが知っているグーグル社やアップル社、アマゾン社など世界の有名企業の会社の形態は合同会社だったりします。

さて、ここで気になるのは、合同会社と株式会社との違いです。合同会社も株式会社同様に営利法人の1つであり、責任の範囲は有限です。でも株式会社とほとんど変わらない節税メリットが受けられ、比較的簡単にしかも安く設立できます。また、**合同会社は株主総会を開く必要がない**ので、スムーズに経営方針を決められる点も合同会社の魅力です。

結局、合同会社の方が有利

合同会社の他に、合名会社や合資会社もあると紹介しました。合名会社・合資会社は、出資者が経営者になること、設立時の資本金が少なくて済むこと、設立の手続きが簡単という点では合同会社と同じです。しかし合同会社が有限責任なのに対し、合名会社は無限責任。合資会社は無限責任と有限責任の両方があるため、出資者の責任が重くなります。設立やその他の手続き、設立費用などが合同会社の設立とほとんど変わらないことを考えると、有限責任で済む合同会社を選ぶ人の方が多いようです。

最近人気の合同会社

株式会社は一番多く設立されている

資本金

出資

経営者が資本金を出資する

	合同会社	株式会社
出資者の責任	有限	有限
出資者と経営者	一致	分離可能
役員の名称	代表社員、社員	代表取締役、取締役

無限責任社員

無限責任社員

社員 ＝ 経営者 ＝ 出資者

POINT!

合同会社では、役員のことを「社員」と呼びます。一般的に使われている従業員を指す言葉とは別のものですから、混同しないようにしましょう。

SECTION 07

会社を設立する理由と時期

いつ、どんな時に会社を設立する？

会社設立に至る3つの理由

ここでは会社設立を考えるタイミングやその理由について説明していきます。会社設立に至る理由には、次の3つが考えられます。

- **事業開始に必要だから**

まず考えられるのは、事業を開始する際に会社を設立するケースです。自分がこれから開始しようとする事業の**取引先が定める契約要件として、法人であることが定められている**ことがあるからです。このような場合には、法人を設立して事業を開始するという選択肢しかありません。

- **複数人で事業を始めたいから**

複数人で事業を開始するために法人を設立するケースもあります。複数人で資本金を出資して事業を開始する場合は、**さまざまな契約や銀行口座の開設などの際に法人名義を統一**できますから、後々のことを考えると法人を設立した方が便利なのです。

- **個人事業から法人成りするから**

個人事業として事業を続けていく中で会社を設立するケースもあります。個人事業から法人（会社）を設立することを、法人成りといいます。

きっかけとしては収入が増えて一定所得を超えた時や事業規模を拡大する時に法人成りを決断するというケースが多いです。というのも、個人事業と法人では**法人のほうが税制上のメリットをたくさん受けられる**からです。

わかりやすい例としては、個人事業主の生活費は税制上、経費としては見なされないので、事業所得のすべてに所得税が課せられることになります。一方会社の場合には、役員に支払われる役員報酬はすべて経費として見なされ、残った部分だけに法人税が課せられることになるので、法人にした方がお得なのです。

会社設立する理由

事業開始から法人化するパターン

- 取引先との契約で、法人であることが条件
- 複数の仲間で出資しあって事業を始める場合に法人名義の銀行口座で代表者の名でお金を管理した方が便利

個人事業主から法人化するパターン

個人事業は「事業所得」全体に課税される

ある程度、事業の売上げが上がってきた!

↓

給与を役員報酬として、税金面での有利さを考えて法人化
事業拡大のために資金調達をして法人成りすることも。

POINT!

人によっていろいろですが、個人事業からの法人成りするケースはよくみられます。

SECTION 08

個人事業主とは

個人事業主と法人の違いを知ろう

そもそも個人事業主とは？

今個人事業主で、売上増加や事業拡大などを理由に法人化を検討しているのであれば、設立する前に個人事業主と法人の違いをしっかり理解しておきたいところです。

個人事業主とは、企業などに雇用されている会社員とは違い、独立して、**継続的かつ反復的に事業を営んでいる自然人**のことを指します。最近よく耳にするフリーランスと呼ばれる人たちも、独立して事業を営んでいるので個人事業主です。規模は、経営者ひとりだけもしくは家族経営、少数の従業員を雇っている程度の小規模な事業形態が一般的です。個人事業主は、開業する方法も簡単です。開業届を税務署に提出するだけで完了し、法人設立時のように資本金がなくても事業を始めることができます。法人の設立と比べると、簡単に開業できるのが個人事業主の特徴です。

事業に対する責任の違い

P20の「法人とは」では、法人と自然人という考え方があることや、これらの違いについて解説しました。法人は、法律で定められた手続きを済ませることで、法律上人格を持った「人」であると見なされるということでした。これによって**事業を営む上での様々な権利や義務は法人に帰属する**ことになります。つまり、仮に事業が失敗して負債ができてしまったとしても、その責任は法人にあるということです。一方、個人事業主として開業手続きを行い、事業を始める場合はどうでしょうか。個人事業主の場合は、いくら事業をしているとはいえ、自然人です。そのため、**事業を営む上での様々な権利や義務は個人に帰属する**ことになります。法人の場合、事業の失敗の責任は法人にあると言いましたが、個人事業の場合は個人が責任を負うことになります。

個人事業主とは

個人事業主	法人

個人事業主

フリーランス

個人事業主	法人
無限責任 事業で生じた負債の責任をすべて負わなければならない	**有限責任** 事業で生じた負債の責任は法人にある

有限責任とは……

個人に対する責任

法人に対する責任

両方の責任（連帯保証など）

連帯保証でない未払金など
※ここの部分には責任が問われない

POINT!

権利や義務の主体が個人にあるのか法人にあるのかで、責任の範囲が違います。

SECTION 09

法人設立の手続きは時間がかかる

4つの違いを知っておこう

個人事業主と法人の違いはたくさんあるのですが、大きくまとめると4つの違いがあります。その4つとは、**設立手続きの違い、所得の捉え方の違い、加入する社会保険の違い、会計処理の違い**です。

個人事業主として開業するのに必要な手続きは、開業届を提出するだけという簡単なものでした。複雑な手続きや資本金も不要で、手続きに必要な期間も、開業届を提出するだけなので半日もあれば完了します。でも、法人の設立はこんなに簡単ではありません。法人を設立するには、まず法律で定められた手続きを行い、登記を完了させる必要があります。設立したい法人の種類によって必要な手続きは異なりますが、定款（ていかん）の認証を受けたり、資本金を納めたりしなくてはなりません。そのため設立には数週間かかります。

次に、所得の捉え方の違いです。個人事業主は売上から経費を引いて残った額がすべて事業主の事業所得になりますが、法人の場合は、どれだけ儲かったとしても売上は法人のものです。役員報酬は、原則として期の途中での変更できないことになっているので、欲しいタイミングで報酬を増やすことができません。つまり、個人事業主の場合は、売上が上がれば、自分が自由に使えるお金が増えていくのですが、法人の場合は定められた手続きを経て役員報酬の金額を変更しない限りは、個人で自由に使うことができないのです。続いて、加入する社会保険も異なります。個人事業主の場合は国民年金と国民健康保険に加入しますが、法人は厚生年金と協会けんぽ（健康保険）に加入します。会計処理も、個人事業主は確定申告を行いますが、法人は決算書を作成してから確定申告します。その際個人事業主では白色申告でも構いませんが、法人の場合は基本的に青色申告で行います。

個人事業主と法人の違い

	個人事業主	法人
設立手続	開業届を出すだけ	手続きが大変 資本金も必要
所得の捉え方	利益は全部 自分のもの	役員報酬で 決められる
社会保険	国民健康保険 国民年金	厚生年金 協会けんぽ
会計処理	確定申告 （白色申告） 事業主によっては青色申告を行う人も	決算書による申告 （青色申告）

POINT!

個人事業から法人成りすることで、生活に大きく影響するのは毎月の自分の給与です。法人は役員報酬として決めた金額を途中で変更できないため、自由度が下がります。

SECTION 10

法人成りするべき？

法人成りの見極めポイント

ここでは、よくある個人事業主の悩みを切り口にして法人成りすべきかどうかを見ていきましょう。

・売上が増えたので税金が心配

個人事業の所得が増えると、納税額も増えます。ですから一定の所得を超えた場合は、可能であれば会社の設立を検討してもいいでしょう。具体的には、事業所得が800万円を超えたあたりが目安といわれています。しかし、会社にすることで事業の運営コストが増える場合もあるので注意しましょう。

・社員を雇いたい

従業員を雇う必要が出てきた場合も、法人成りを検討してよいでしょう。応募者のことを考えれば、雇用主が個人事業主よりもきちんと社会保険に加入している法人の方が安心です。人件費が増えることを考えると尻込みしてしまいますが、優秀な人材を確保するなら労働条件や環境を整備することも大切と心得ましょう。

・もっとお客さんを増やしていきたい

事業を拡大していきたい場合も、社会的信用性の高い法人の設立を検討してよいでしょう。すでに触れたように、会社によっては法人としか取引を行わないところもあり、個人事業主だと価格交渉で不利になるケースも少なくありません。また、法人になれば融資を受けやすくなります。事業拡大に伴い資金調達が必要になりそうなら法人成りを前向きに検討してみましょう。

・個人資産を守りたい

個人事業主の場合、事業で生じた損失はすべて事業主の責任になります。それに対し株式会社や合同会社なら有限責任です。万が一、会社の資金繰りが悪くなり支払いが滞ることがあったとしても、形式上は個人の返済義務はないことになるので、最低限の個人資産は守れます。

法人成りするタイミングは

事業のこと
販路を拡大して、
もっと事業を
大きくしたい

お金のこと
事業で損失が出た時の
ことを考え、個人の
資産を守れる
ようにしたい。

個人のこと
売上が増え、税金も
増えた。もう少し経費
として認められる額が
増えたら……

社員を募集する時も有利

or

会社

雇用のこと
優秀な人を
雇いたい。

POINT!

法人成りすることで得られるメリットもありますが、個人事業と比べると法人は制約もあります。事業計画をしっかり立て、法人成りすべきかどうかを見極めましょう。

SECTION 11

経営者の責任を理解しよう

経営者になると責任が増える

個人事業主として開業するにしろ法人を設立して事業を開始するにしろ、事業活動を主体として行う人のことを経営者と呼びます。個人事業主の場合は、事業の代表者のみが経営者となりますが、法人の場合は経営の責任を持つ者であれば経営者ということになります。経営者を指す言葉として「社長、専務、代表取締役、CEO、使用者、事業主、理事長、理事」といった呼び方が存在しますが、いずれも経営の責任を持つ者です。

ニュースなどで大企業の不祥事が発覚した場合、経営者である社長や重役が「**経営責任**」を問われて謝罪会見などを行っている場面を見たことがあると思います。そういったことはやりたくないと誰しも思いますが、経営者になるということは、いざという時には矢面に立ち、**経営の責任者として求められる義務や責任を果たさなくてはならない**こともあるのです。

決断の連続だがやりがい十分

経営者になると多くの責任がその肩にのしかかってきます。収益を上げて事業を存続させていかなければならないのはもちろんのこと、従業員が増えれば、従業員に給与を支払い続けなくてはなりません。また、税金を滞りなくきちんと納めるなど、法令に則った運営を行い、違法な運営にならないようにしていく必要もあります。

よく、経営者は決断の連続だという人がいますが、その通りだと私も考えます。次々と迫られる選択に対し決断を下し続け、さらにはその結果に対してのすべての責任を負わなくてはなりません。しかし、その分自由でもありやりがいもあります。経営者は、事業のやり方を経営者自身が決められるという自由があるのです。

経営者ってどんな人？

経営者とは、「事業の経営の責任を持つ者」

社長、専務、代表取締役、CEO、使用者、事業主、理事長、理事フリーランスなど

自由

やりがい

債権

責任

決断

責務

経営者になると、事業や従業員に対する責任が重くなるが、自分の考えに基づき経営ができるなど自由な面もある。

経営者として決断力が求められるが、自分の決断で会社を運営するというやりがいが得られる。

資金調達が必要になった時は、投資家などから債権が発行してもらい資金を借り入れることができるが、当然、借り入れた分の債務が発生する。

POINT!

経営者の責任は重いですが、やりがいや自由があります。

SECTION 12

いくら稼ぐかは自分しだい

経営者と会社員の違い

経営者になると収入は不安定になる？

これから会社の設立を考えている人の中には、会社員から独立して事業を興そうとしている人もいるかと思います。経営者として自分の責任のもとで事業を営み、生計を立てていくことに期待がある一方で、本当にできるのかと不安がある人も少なくないはずです。ここでは、経営者と会社員の違いについてみていきましょう。

経営者と会社員の大きな違いは、収入の安定性です。会社員は、何らかの組織に所属して、毎月決まった給与をもらうことができますが、経営者は利益を上げないと自分の収入が無い場合もあります。また、経営者は労働者ではないので、労働基準法に守られる立場ではありません。要するに最低賃金や休日の保障や労働時間の制限がないということですから、過労で健康を損なわないように自己管理も必要になります。

やった分だけ収入がある経営者

経営者の収入は、会社員の給与とは異なり「**役員報酬**」という形で手にします。役員報酬は個人事業主の所得のように売上が上がったからといってそのつど自由に報酬額を上げることができませんが、**事業が拡大すればするほど報酬を上げられ**ます。

参考までに、会社員の年収と経営者の年間の役員報酬を比較して見ましょう。国税庁の『令和２年分民間給与実態統計調査』によると、１年を通じて勤務した給与所得者の１人あたりの平均給与は４３３万円だそうです（※１）。それに対し役員報酬を見てみると、令和元年度に調査された『民間企業における役員報酬（給与）調査（※２）では、調査対象となったすべての会社の平均役員報酬額が４６２２万円、５００人以上１０００人未満の会社の場合では３９６３万円となっています。

※1国税庁ホームページ『令和2年分民間給与実態統計調査』より引用
https://www.nta.go.jp/publication/statistics/kokuzeicho/minkan2020/pdf/002.pdf

経営者と会社員の違い

	経営者	会社員
収入	自分で稼ぐ 安定の保証は無し	毎月の給与がある
労働基準法	適応されない	最低賃金や休日の保障あり 労働時間の制限あり

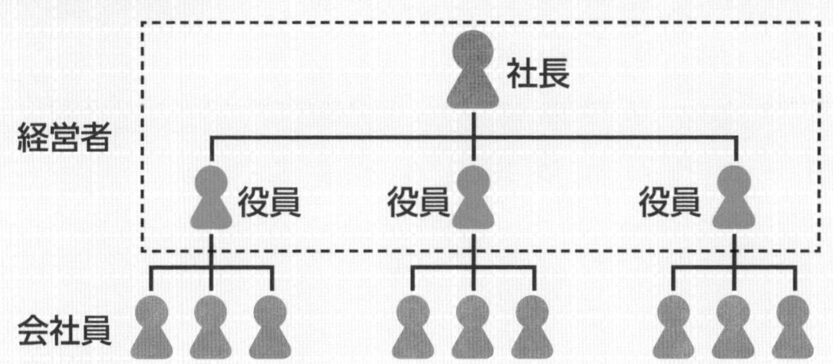

But! 経営者は責任は重いが、事業が成功した場合の年収も何千万円となる!

POINT!

がんばり次第で収入を上げることができますが、休みや労働時間などに決まりがないため、自己管理は欠かせません。

※e-Stat政府統計の総合窓口『民間企業における役員報酬（給与）調査』より引用
https://www.e-stat.go.jp/stat-search/files?page=1&toukei=00020321&result_page=1

SECTION 13

会社設立するメリットは？

設立前にリスクを把握しておこう

設立しても生き残れる会社はわずか

会社設立は、定められた手続きさえ行えば誰でも設立することができます。例えば株式会社設立は、資本金が1円以上あれば設立できますから、簡単に設立できると思いがちです。しかし簡単に設立できるとはいえ、やみくもに設立すればいいというものではありません。起業する人は多いのですが、独立して3年後には約半数の会社が撤退を余儀なくされ、**10年後まで生き残れる会社はわずか1割**だというデータもあります。つまり、設立は簡単でも存続させるのは難しいということです。せっかく会社を設立するなら、できる限り長く経営を続けられるようにすることはもちろん、発展させていけるようにしたいもの。会社設立は自分自身のその後の人生や生き方にも大きく影響する出来事にもなるわけですから、設立してしまってから「こんなはずではなかった」とならないように、会社を設立することのメリットやデメリットをきちんと把握してから検討してください。

会社設立で得られる3つのこと

会社を設立することのメリットは大きく3つ、財務的なメリットと運営的なメリット、それから戦略的なメリットがあります。ひとつめの財務的なメリットとは、わかりやすくいえばお金のやり繰りをする上でのメリットのことです。ふたつめの運営的なメリットとは、事業活動を安定させ、さらに拡大させる上でメリットとなることです。3つ目の戦略的なメリットとは、規定や制度をうまく活用することで得られるメリットのことです。それぞれどのようなことがメリットとして得られるのかは、次のページから詳しく説明していきます。

会社設立するメリット

財務的なメリット	• 経営陣の報酬を経費にすることができる • 事業で発生した損失について一定の範囲まで経営者個人の責任を回避できる • 法人名義のクレジットカードの取得 • 金融機関での法人向けの融資制度が利用できる
運営的なメリット	• 事業継承や事業譲渡のしくみが確立されている • 社会的信用が得られる • 各種保険や一定の福利厚生などが担保されているので良い人材を集めやすい
戦略的なメリット	• 法人設立から2年間（決算2期）は条件を満たせば消費税の納付が免除される
赤字でもメリット	• 「赤字繰越」と呼ばれる制度で前年度の赤字と翌年の黒字を差し引きして減税となる場合がある

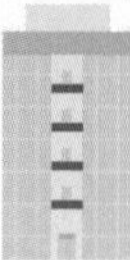

10年後も生き残れる会社にするためには、メリットだけに目を向けずにリスクもしっかり把握しておきましょう。

SECTION 14

会社設立で得られる財務的メリット

経費にできるものが増える

法人なら給与も経費になる

会社にすると、個人事業よりも経費として認められるものが増えます。**経費として認められるものが増えると、結果的に節税につながる**というメリットがあります。

わかりやすい例では、代表取締役社長や取締役が受け取る役員報酬が経費として認められていることです。個人事業主は、事業主が生活のために使う費用を経費にすることができませんが、法人であればそれが認められます。また、受け取った役員側の税金も、会社員としてもらう給与と同等程度の恩恵を受けることができます。役員報酬を支払うことで法人の所得を減らせるので、法人所得税の節税が可能になるのです。さらに、従業員への退職金を積み立て、その分を経費にすることもできます。役員報酬と同様の考え方ですが、従業員の退職金積み立て分を経費にすることで法人の所得額が減らせるので、結果的に節税につながります。

でも、個人事業では経費と認められていない費用なのに、会社にすると経費として認められるものが多いのはなぜでしょうか。その理由は、原則として**会社の経費はすべて事業活動のために使われている**と考えられているからです。会社にすると経費になるものとしては、他にも車両の購入費用や生命保険料、退職金などがあります。また、国の共済制度である中小企業向けの共済制度「経営セーフティ共済」の掛け金や「小規模企業共済」で積み立てるお金も経費になります。

ちなみに経営セーフティ共済とは、取引先が倒産した際に自社も連鎖して倒産してしまうのを防ぐための共済です。いざという時にスピーディーに借入ができるだけでなく、自己都合の解約の場合も、40カ月以上加入していれば全額返金されます（12カ月未満は掛け捨て。12カ月以上で掛金の8割以上が返金される）。

会社にすると経費にできるものが増える

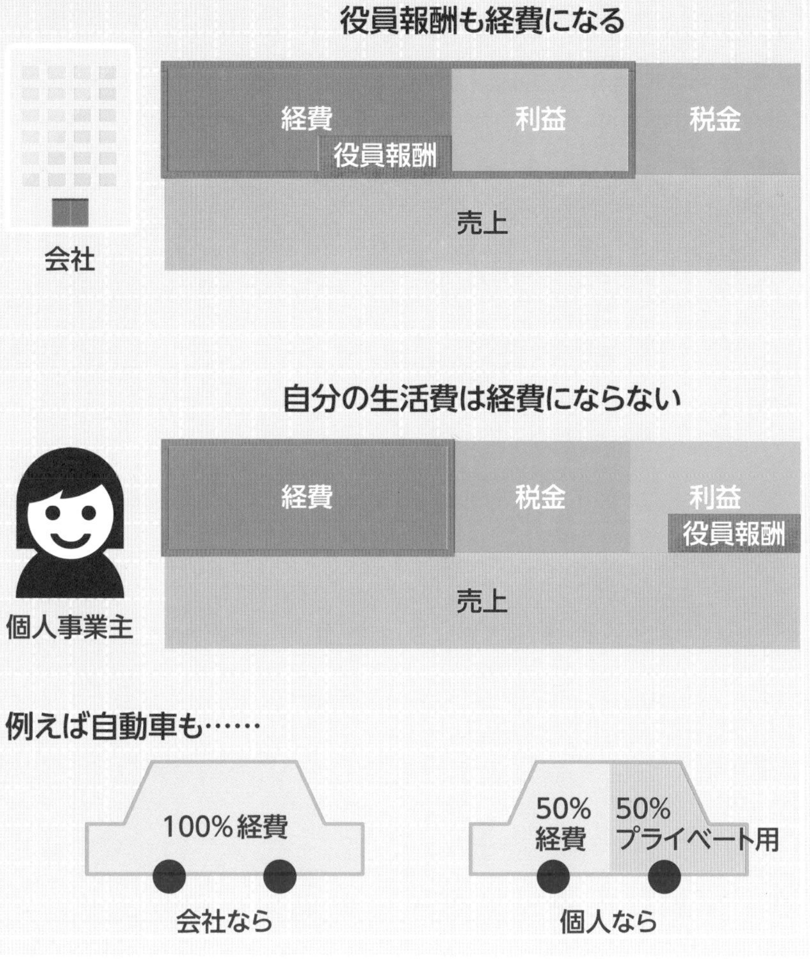

役員報酬も経費になる

会社			
経費（役員報酬）	利益	税金	
売上			

自分の生活費は経費にならない

個人事業主			
経費	税金	利益（役員報酬）	
売上			

例えば自動車も……

会社なら	個人なら
100%経費	50% 経費 / 50% プライベート用

POINT!

会社の経費は、原則として事業活動に使われると考えます。

SECTION 15

資金調達のしやすさは魅力

資金調達や節税面で有利になる

融資が通りやすいのか個人より法人

事業活動を続ける上で、より多くのお金が必要になる時があります。その際、個人事業主よりも会社である方が金融機関からの融資を受けやすくなります。

他に金融機関の融資制度とよく似たものですが、国が事業主に対して事業継続させるためにお金を援助する補助金制度や助成金制度もあります。補助金や助成金については5章の中で解説していきますので、ここでは詳しく触れませんが、会社にすることで、**個人事業主では使えない補助金や助成金の制度を活用できる**ようになります。個人事業主でも使える補助金もあるにはあるのですが、金額は会社と比較すると少ないのです。

例えば創業時の補助金であれば、独立行政法人中小企業基盤整備機構（中小機構）は「創業補助金」というものを定期的に公募しています。

今なら消費税メリットが受けられる

節税目的だけで会社を設立するのはおすすめできませんが、規定上、会社設立後の2年間は、条件を満たす場合に限り消費税納付が免除されることになっています。

会社を設立した直後は、立ち上げ時の費用や営業活動に投資するために、支出が多くなりがちです。この制度は、事業がうまく軌道に乗るまでには時間がかかるので、事業活動の結果が出るまでの一定期間は税金の納付を免除しますよというものです。ちなみに、会社の設立時期によっては、この規定をうまく活用することで、このメリットをより長く享受することもできます。先ほどもお伝えしたように、会社の決算期は個人事業とは異なり会社ごとに自由に決められることになっています。消費税納付免除のメリットを得るために決算期を調整して、消費税メリットを最大まで引き延ばす人もいます。

個人よりも資金調達しやすい

	個人事業主	法人	違い
融資	△	○	金融機関からの融資は法人の方が審査に有利
補助金	△	○	補助額は法人の方が大きい
助成金	△	○	助成額は法人の方が大きい
投資家	×	○	投資家は基本個人に対して投資しない

2期分の消費税が免除になる

資本金が1000万円未満の会社の場合は、課税事業者にならなくてよいため、消費者から預かった消費税がある場合でも消費税を納めなくてよいことになっています。消費税が免除になるのは2期分です。

POINT!

消費税メリットに関しては、法人だけのメリットではなく個人事業主でも売上が1000 万円未満であれば免税事業者として消費税が免除になりますが、資金調達に関しては個人よりも信用力のある法人のほうが有利になります。

SECTION 16

会社設立の運営的メリット

社会的信用力を得るなら法人が有利

社会的な信用が得られる

個人事業主の場合は、簡単に開業でき、事業内容や屋号を変更したりするのもすぐにできてしまいます。そのため不安に思われることもあります。その点会社の場合は、法務局で「登記事項証明書」を確認すれば、その会社の存在や重要事項についてきちんと確認することができます。わざわざ法務局へ行かなくても、オンラインで請求手続きができるため、**取引の相手も安心**できます。社会的信用力を得ることは、人を雇う際にもメリットとなります。求人時に雇用される側から見たときに、各種保険や一定の福利厚生などが担保されていることは安心材料になります。

事業継承や譲渡がスムーズ

法人なら、**「事業継承」や「事業譲渡」のしくみも確立**されています。事業継承は、事業を次の経営者に渡すことで、事業譲渡は、会社の事業の全部もしくは一部を他の法人に譲渡することです。経営者の引退や不測の事態が起こったときなど、突然、会社の存続が危ぶまれることがあるかもしれません。そのような時でも、存続させるしくみがあるので事業を続けられます。

人材確保がしやすい

人を雇用したい場合、経営者であれば、できるだけ優秀な人たちに集まってほしいと考えるのは当然です。ですが、仕事ができる優秀な人たちを雇用するには、会社の社会的信用力をあげ、労働環境や条件を整備しておくことが必要です。会社であれば、少なくとも個人事業主のままでいるよりも社会的な信用力はあります。会社設立後は必ず社会保険にも加入することが義務付けられていますから、従業員がきちんと**社会保険に加入できることも求人する上では強み**になります。

法人の社会的信用力とは？

	個人事業主	法人	違い
社会的信用	△	○	法人にすると様々な手続きが多くなるがその分信用度が増す
人材確保	△	○	人を雇用する場合は、求職者からしても法人の方が安心
事業継承	×	○	個人の場合、代表者が亡くなると口座が凍結されるが、会社の口座はされない
事業譲渡	×	○	会社にしておく方が、会社の事業の売買がしやすい

POINT!

法人登記情報が公開され、誰でも見られるのは安心！

SECTION 17

会社設立の戦略的メリット

会計的なメリットが得られる場合も

会計期間を自由に決められる

会社を設立して事業を始めたら、どこかで区切りをつけなければ会社のお金の動きを把握することができません。今会社の事業はうまくいっているのか、うまくいっているのならどのくらいの儲けがあるのかというのをきちんと把握していくことが大切です。会社のお金のやりくりを明らかにするために、1年おきに集計しましょうという決まりがあります。この1年に1度の集計のことを決算といいます。個人や個人事業主の場合は、毎年確定申告の時期が決められていますが、会社の場合は、毎年何月に決算を行うかを自由に決められます。

この期間のことを会計期間といいますが、会計期間を自由に決められることで、会社の**繁忙期などを避けて設定**することができるのです。決算は、たくさんの書類を作成しなくてはなりませんし、会社のお金のやりくりがどうなっているかを確定していく作業ですから、会社にとっては非常に大事な業務のひとつです。先ほど触れたように繁忙期を避けるというだけでなく、事業の売上状況にある程度規則性があるなら、それを見越して会計期間を設定することもできます。

消費税が免税になる条件に注意

ちなみに、消費税が免税になる制度は、条件を満たしていないと対象外になってしまうので注意しましょう。消費税免税の対象外となるケースは、資本金が1000万円以上の法人の場合と、設立1期目の上半期の売上が1000万円を越える場合です。また、給与支払額が1000万円を超えた場合も、消費税免除は対象外となります。ただし設立2年目からは消費税を納付することになります（設立1年目は免税されます）。

消費税免税はタイミングと条件に注意

個人事業 売上1000万円以上	会社1期目	会社2期目	会社3期目～
課税事業者	消費税免除	消費税免除	課税事業者

インボイス制度に注意

2023年10月1日から導入されるインボイス制度。
制度が開始されると、事業者によっては消費税の免税期間がメリットにならないことも。法人成りを検討しているなら、2023年9月30日までに法人成りを済ませて、免税メリットを受けましょう。どのみち個人事業主の場合は、課税事業者か免税事業者を選択しなければなりません。もしも課税事業者を選択するのであれば、節税メリットや経費として認められる金額が増える法人成りを検討してもよいかもしれません。

POINT!

会社設立後の2年間は消費税が免除されますが、条件によっては課税事業者になることもあります。

SECTION 18

会社にするデメリット

必要なコストが増える

料金が法人価格になってしまう

会社にすることのデメリットとしてまず挙げられるのが、運営コストが増えてしまうことです。設立手続きだけで比較しても、個人事業主に資本金や手続き費用がかからないのに比べ、会社は資本金も登記するための費用も必要です。

たった1人しかいない会社であっても社会保険に加入することが義務付けられていることも運営コストが増える要因です。

さらに、事業活動をする上で必要な携帯電話の契約やインターネット回線の契約、保険の契約などさまざまなサービスの利用料が法人価格になってしまいます。個々で比較すると個人向け価格と法人向け価格にそれほどの差は感じないかもしれませんが、複数のサービスが積み重なると、費用負担が大きくなります。

1人会社でも社会保険に加入する

法人を設立すると必ず加入しなくてはならないのが社会保険です。**社会保険は、たとえ社長1人しかいない場合でも加入する**のが決まりです。社会保険とは、健康保険と介護保険、厚生年金保険を含めた意味の社会保険を指しています。この社会保険の支払いは、社員が増えるとその**社員が支払うべき社会保険料の半分を法人が負担**して国に収めることになっています。また、社員が40歳になれば、介護保険についても会社が保険料の半分を負担する制度があります。

個人事業主の場合は、国民健康保険と国民年金に加入するだけでよく、従業員が5人までは社会保険の加入は任意となっています。ですから事業主が社会保険には加入しないと決めてしまえば、従業員は個々に国民健康保険や国民年金に加入することになります。

1人社長でも社会保険に加入する

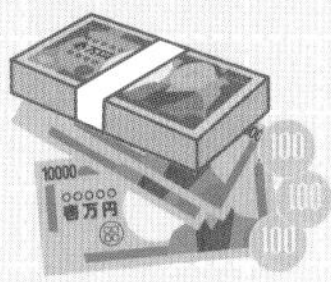

社員の負担分

会社の負担分

社会保険料は、毎月の社員の給与から社員の支払い分を天引きし、会社負担分とあわせて国に収めるルール

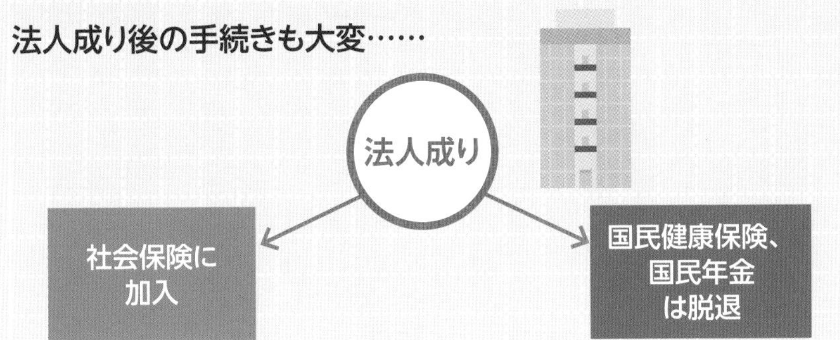

POINT!

社員が増えることは会社にとって負担になることも……

SECTION 19

会社にするデメリット

役員報酬額を自由に変更にできなくなる

役員報酬額の変更は年に一度しかない

法人の場合、取締役などの経営者は役員報酬という形で働いた分の報酬を受け取ることになります。この役員報酬額は自由に変更できないことになっており、変更する場合は決まった手続きを行わなくてはなりません。

また、**役員報酬の変更は年に1度**しか機会がありません。変更したい場合は、その年の決算が終わった後2ヵ月以内に定期株主総会を開き、翌年の役員報酬額を決めることになっています。実際に変更した役員報酬を受け取るのは、その後となります。

役員賞与は経費にならない

会社にするメリットのところで、役員報酬は経費にできるとお伝えしましたが、**役員のボーナスつまり賞与は経費の対象外**になります。役員賞与を経費にするには、あらかじめ所轄の税務署に「事前確定届出給与」という書類を提出し、届け出をする必要があります。

赤字でも役員報酬が発生する

個人事業主であれば、売上が少ない時にはその時だけ自分が受け取る給与を少なくして、赤字にならないように調整することができますが、会社を設立するとそういうわけにいきません。

役員報酬は毎月必ず支払われるという決まりがありますから、仮に**資金繰りがうまくいかない時でも役員報酬を支払わなければならない**のです。

報酬を受け取らないようにしたければ、このようなときは未払いにすれば役員報酬を受け取らないという選択もできます。しかしこの未払いの分は後から支払わなければなりません。

役員報酬は頻繁に変えられない

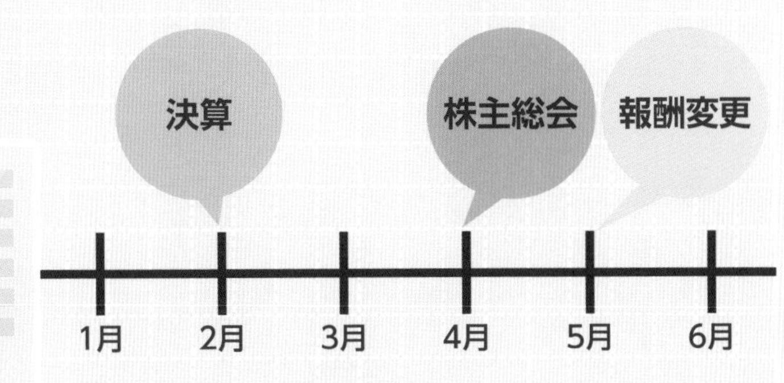

変更した役員報酬を受け取るのは、決算終わってから約3ヵ月後になる。

儲かっていても、売上を勝手に給与にはできません

POINT!

役員報酬は経費になるものの、賞与は対象になりません。

SECTION 20

意外と多い会社の手続きや申請

設立や手続きにはお金も時間も必要

設立費用がかかる

会社は、設立自体にお金がかかります。公証役場へ行って新会社の設立に必要な定款（ていかん）を認証してもらう必要があり、その際には費用がかかります。また、資本金も必要です。税務署へ行って開業届を出すだけで済んでしまう個人事業の開業とはまったく違うことがおわかりいただけると思います。

手続きや申請が多い

会社にすると申請や手続きの手間も増えます。会社の名前や本店所在地、資本金の変更は、変更するつど法務局へ行って申請しなくてはなりませんし、役員報酬の変更する場合は申請が必要です。

個人事業主であれば、屋号を変更しても税務署に変更した旨を伝える必要はありません。税金をきちんと納めなければならないため、住所や氏名などが変更になる場合は変更届を提出しなくてはなりませんが、それ以外の情報はさほど重要ではないからです。

定款に定めた事業以外のことができない

会社がどのような事業をしていくかについては、会社設立時に定款に定めなくてはならないルールです。もし定款に定めていない事業をやりたくなった場合は、定款の内容を変更する必要があります。ですから、会社設立時に定款を定める際は、将来の事業展開も考えて定款に定めておくのが一般的です。

毎年決算書を作らないといけない

会社にするとこの会計業務がとても大変です。毎年事業年度の終わりには、決算書を作成しなくてはなりません。

会社にするデメリット

手続き・申請
設立手続きだけでなく
変更手続きも面倒

設立費用
設立には、設立費用と
資本金が必要になる

会計
経理業務が面倒になる
毎年決算を行う

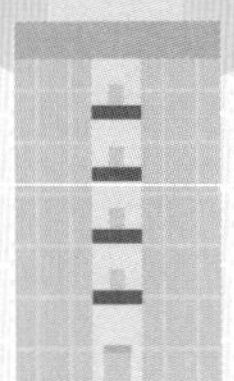

お金のこと
儲けた分を自由に
使えない

社会保険
社長しかいなくても
社会保険に加入義務

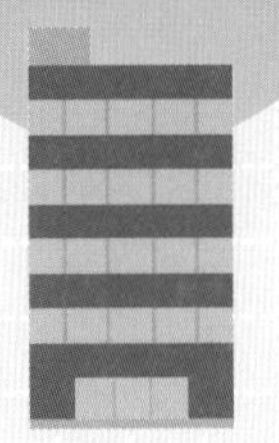

事業のこと
定款にない事業は
勝手にできない

POINT!

個人事業とは異なり、法人は意外と制約が多いです。しかし、その制約をしっかり守り、税金をしっかり納めていくことで法人としての社会的信用力は高まっていきます。

SECTION 21

会社の赤字繰越のしくみ

赤字でもメリットがある？

赤字になったら即倒産になる？

個人事業主や法人に関わらず、事業を行っている以上は毎年決められた時期に決算を行い、その年の経営状況を明らかにしなければなりません。そこでよく使われている言葉が「**赤字**」や「**黒字**」という言葉です。

決算を行うと、その時点で法人にある現金やその他の資産の合計が、その年の最初の日と比べてどうなっているのかがはっきりします。そこで数字が増えていれば黒字、減っている場合には赤字ということになります。

黒字の場合は事業が順調にいっている証拠でもありますから、増えた分に対してはきちんと税金を納めていくことになりますが、赤字の場合はどうなるのでしょうか。

赤字でも10年までは大丈夫

決算をして赤字になってしまった場合は、**赤字分を翌年に繰り越せる**という規定があります。これは「赤字繰越」といわれる制度です。個人事業にも法人にも同様の制度がありますが、定められている期間が異なります。個人事業で赤字繰越ができる期間は最長3年間ですが、法人の場合は最長10年間です。もし事業がうまくいかなくなってしまっても、赤字の場合は課税されません。法人であれば、赤字繰越が許される10年間の間になんとか事業を立て直していくこともできるというわけです。

赤字の場合には税金がかからないのでよさそうですが、実際は赤字ゆえに資金繰りに融資を受けたり、売上を増やすための設備や広告宣伝への投資をしたりなどで法人に借金が発生していることもあります。そういった努力が実り、ようやく黒字化したところへ課税されてしまうと、経営者の情熱が失われ、しいては社会全体の発展に支障をきたしてしまいますですから法律は、「赤字繰越」と呼ばれる制度を用意しています。

赤字繰越のしくみ

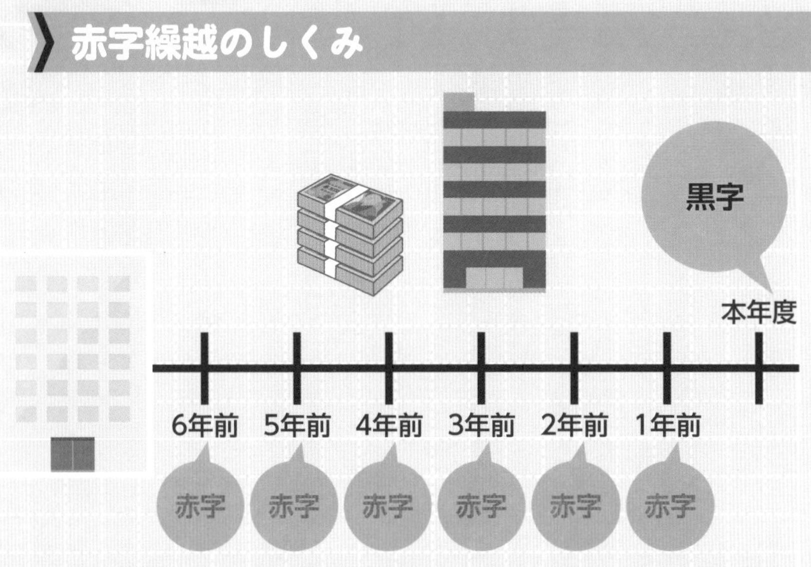

ちなみにずっと赤字になってしまう場合は、所得がゼロになるためその年の法人税もゼロになります。
法人の中には、法人税をゼロにするためにあえて赤字決算をおこなう法人もあります。

本年度黒字分 － 過去6年間赤字分 ＝ 課税対象

POINT!

上では過去の赤字を本年度の黒字と相殺できる赤字繰越について説明しましたが、逆のパターンとして本年度の赤字を過去の黒字と相殺できる「青色欠損金の繰戻しによる還付」という制度もあります。上で説明した制度は国税と地方税に適用できますが、こちらは法人税（P162）にしか適用されません。

SECTION 22

設立するならどちらがおすすめ？

株式会社と合同会社ならどちらにすべき？

大きくするなら株式会社

株式会社と合同会社、設立するなら合同会社の方が簡単です。節税メリットもほとんど変わりませんから、どちらの会社形態を選べばよいかわからない人もいると思います。考え方はいろいろありますが、本書では**将来的に会社をどうしていきたいかを基準に決める**ことをおすすめします。というのも、株式会社と合同会社では、増資の方法が違うからです。増資とは、会社が使える資本を増やすことです。会社にとって資本は経営の原動力になるものですから、資本はあればあるだけ経営が安定し、社会からの信用も増します。そのため会社は、事業拡大など何かしらの経営的な戦略を踏まえた上で増資を行うことが多くなります。

ちなみに増資を行う方法ですが、株式会社の場合は、新株を発行しその株と引き換えに出資者から資金を調達することができます。しかし、株式を発行できない合同会社では、この方法は取れません。

合同会社が増資する方法は、3つあります。新たな社員を加入させて、社員から出資を受ける方法と既存の社員が追加で出資する方法、余剰金を資本金に組み入れる方法です。将来の事業拡大や増資することを考えるなら、合同会社よりも株式会社のほうが有利かもしれません。

会社の種類は後から変更できる

一度設立したからといって、ずっと設立当時の会社形態を維持しなければならないわけではありません。例えば株式会社から合同会社へ変更したくなった場合、大まかな流れとしては、組織変更の計画書を作成したあとに、株主総会で株主の承認を得て株式会社を解散し、その後合同会社の設立手続きを行うという流れになります。

株式会社と合同会社、設立するならどちら

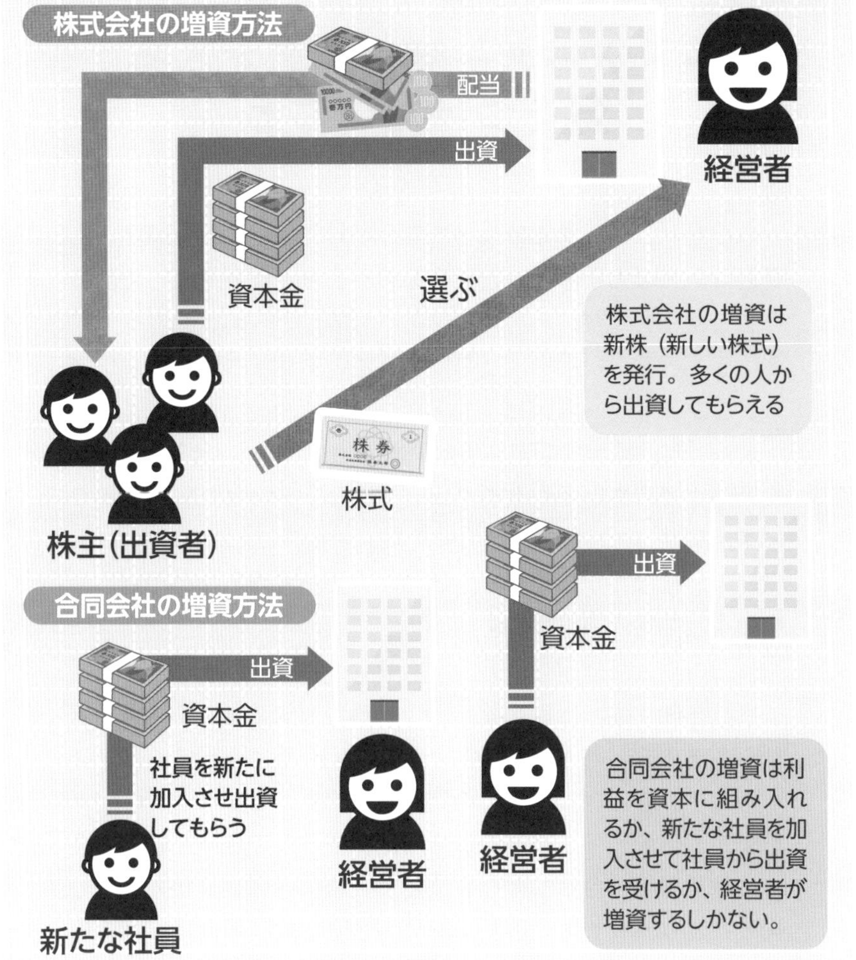

株式会社の増資方法

配当

出資

経営者

資本金

選ぶ

株式会社の増資は新株（新しい株式）を発行。多くの人から出資してもらえる

株式

株主（出資者）

合同会社の増資方法

出資

資本金

社員を新たに加入させ出資してもらう

新たな社員

経営者

出資

資本金

経営者

合同会社の増資は利益を資本に組み入れるか、新たな社員を加入させて社員から出資を受けるか、経営者が増資するしかない。

POINT!

将来的に会社を大きくしたいなら株式会社がおすすめです。

COLUMN

パートナーと一緒に起業する時に気をつけたいこと

やりたいことがあるけれど、自分だけでは能力が欠けている場合は、人の力を借りて起業するのもあり。従業員として雇う方法もありますが、パートナーとして誰かと一緒に会社を興すという選択をした場合、どのようなことに気をつけたらいいでしょうか。

よく「友人同士で起業すると失敗する」という人がいますが、友人同士で起業してもうまくいっているケースはたくさんあります。失敗してしまう原因の多くは、お金のこと、立場の分担、業務の分担などがあります。この中で最も注意したいのは、お金のことです。

会社を興す際、出資比率をどうするかを決めなくてはなりません。その際、誰か1人に意思決定権があるようにするか、あくまで平等を重視して同じ出資比率にするかという選択肢があります。出資比率を同じにした場合、何らかのきっかけでお互いの意見が噛み合わなくなることで人間関係にヒビが入ってしまうこともあります。また、意見が合致しない場合は、意思決定までに時間がかかってしまいチャンスを逃す可能性もあります。こうした事態を防ぐには、あらかじめ1人に意思決定権があるように出資比率を配分しておくとよいでしょう。それ以外にも、それぞれの役割やお金関係の決め事をしっかりと行い、いい加減にならないように気をつけていかなければなりません。

会社設立の準備をしよう

ププー
ププー
ががやや
わいわい
ががやや
ププー
ププー
……
……
村を出て街にやって来たはいいけど
何から手をつけていいやらわからない
だんごはうまいが役に立つのかわからない……
ぱさっ

ワン!
ワン
ワン!
あげく
イヌにも
吠えられる始末
ふーっ ふーっ
だんごが
欲しいか?
ほれ お手
いえ!
だんごは
要りません
「法人化」
の文字が
目に入り
つい興奮して
吠えを……
ふーっ
話を聞くと
このイヌもまた
個人事業主で、
希望する融資を
断られた
クチだという
「法人では
ないから」と
言われ……
てっきり
イヌ科ゆえの
辱めか!と
思っていた
のですが
のちに
「法人とは
何か」を
知りました
そして
あなたの
旗が
見えたのです
ふーっ
法人化
wiki
受付

善は急げ！
私と社員になりましょう！
事業計画書を作りましょう！
「法人化」の幕開けです!!
街の住人は意欲が違う
イヌ
もぐもぐ
村とは違うバイタリティの仲間と、
桃太郎印の鬼退治サービス……？
すばらしい！
事業内容を互いによく話し合い、
鬼には私も酷い目に遭っていて……
迷惑している者は他にもいるはず……
法人化に光が射した！
桃太郎さん！この街でも鬼退治サービスを広めましょう
ごくっごくっ
フリーランス？
この街じゃサルだぜ
キキー
キキー
街の鬼との思い出

さあ善は急げ！
会社の商号も
考えましょう！
おサル殿も
はい
ご一緒に!!
ふーっ
キキッ
えっ
サル？
俺
仲間①
イヌ
仲間②
サル
（いつの間にか居る）
※サルも個人事業主
旗を
掲げて
村を出たら
同じ志の人が
イヌ サル
俺のことを
見つけてくれて
一気に
法人化へ
近づいた！
ふーっ！
ウキウキ
2章を
読んで
事業計画を
立てま
しょう
法人

SECTION 01

設立メンバーを決める

まずは発起人を決めよう

発起人(ほっきにん)とは

会社を設立するなら、まず発起人を立てなければなりません。**発起人とは、会社の設立を企画し会社設立の手続きを行っていく人**のことです。

株式会社設立の場合、発起人は1名以上必要で、必ず1株以上を出資する決まりです。また発起人は、定款（会社のルールを定めたもの）の認証や、取締役を誰にするかなど会社設立にかかるすべてのことを決定し、計画を立てていく責任があります。

設立の方法は2つある

株式会社の設立の形式は「**発起設立**」と「**募集設立**」の2種類があります。発起設立は、設立時に発行される株式のすべてを発起人が引き受けて設立する方法です。例えば自分1人で株式会社を設立する場合は、発起人以外の人から出資を受けずに発起人がすべて出資します。一方募集設立の場合は、発起人以外の人からも出資してもらう形式です。発起人以外の人からもお金を集めることができるので、大きな規模の会社設立に向いています。ただし、資本金の払い込みの手続きは面倒なので、小さな会社の場合は発起設立がおすすめです。

会社の「機関」には役割がある

いくら法律上で人格が認められているとはいえ、会社が商品を仕入れたり契約を結んだりするには人の存在が必要です。このように、会社に係る意思決定や事業活動に関する行為を行う役割を与えられた自然人の集まりのことを「機関」といいます。

会社の機関にはそれぞれ役割があり、どのような機関を設置するかは、その会社が目指す規模によって異なります。

会社のはじめかた

発起人とは?

会社の設立を企画し、手続きを行っていく人

・1名以上
・1株以上出資する

発起人 = 株主

発起設立と募集設立

自分で設立する	発起設立	発起人が出資し株主になる
自分以外の人にも出資してもらう	募集設立	発起人の他に出資者も株主になる

POINT!

募集設立では、株主総会の前身となる「創立総会」を開かないといけません。さらに資本金の払い込み時には金融機関の払込保管証明書が必要です。

SECTION 02

会社の機関を知ろう

代表取締役と取締役は何が違う？

発起人とは何が違うのでしょうか。言葉の意味としては、発起人は会社設立時に出資や会社設立手続きをする人であり、取締役は会社設立後の会社を経営していく人ということになります。

代表取締役は取締役の代表

会社設立時には、取締役を選び、その中から代表者となる人を決めていきます。取締役が1人しかいない場合はその人が代表取締役になりますが、取締役が複数人いる場合は、誰を代表者にするかを決める必要があります。

代表者となった人のことを代表取締役といい、**代表取締役が会社のためにした行為はすべて会社の行為**とみなされることになります。逆に代表権のない取締役の行為は、会社の意思表示にはなりませんから、もし複数人で会社を設立する場合は、じっくりと話し合って決めていく必要があります。

株式会社に必要な機関とは？

前項では、株式会社には「機関」を設置しなければならないとお伝えしました。

株式会社では、法律に定められた機関として「**株主総会**」「**取締役会**」「**取締役会**」「**監査役**」「**監査役会**」「**会計参与**」「**会計監査人**」「**監査等委員会**」「**指名等委員会**」などがあります。9つもの機関がありますが、これらすべての機関を設置する必要はありません。株式会社の場合、設置が必須な機関は株主総会と取締役会です。

取締役会は、取締役が3人いれば設置も可能ですが、必須ではありません。もし、取締役会を設置する場合には、取締役会の他に監査役や会計参与が必要になります。

取締役は何をする人？

取締役は、会社にとって重要な立場にある人ですが、

会社の機関って？

株式会社の場合

取締役会

機関

と

株主総会

機関

合同会社の場合

社員総会

代表社員

業務執行社員

機関

株式会社の機関設計の基本

1人会社の場合

株主総会
取締役

※株主総会は、会社の最高意思決定期間となります

複数人経営の会社の場合

株主総会
取締役会
取締役
監査役
会計参与

取締役・監査役・会計参与とは?

会社の業務を執行する人

会社の会計状況や業務を監査する人

取締役と会計書類等を作成する人（税理士や会計士など）

POINT!

株式会社の設立なら株主総会と取締役会だけで十分。

SECTION 03

役員の任期について

役員になれる人なれない人

役員は誰でもなれる？

起業する多くの人が、最初は小さな1人会社からスタートします。ですから発起人となる人がそのまま代表取締役になることが多いのですが、発起人でない人が役員になることもあります。さて、この役員は、なりたい人であれば誰でもいいのでしょうか。株式会社の場合、**取締役になれる人は会社法で定める欠格事由に該当しない人**と決まっています。欠格事由とは、必要とされる資格を持っていない、つまり不適切であるという意味です。取締役の欠格事由は、次の4つがあります。

- **成年被後見人、被補佐人**
- **会社関係に関する法律の罪を犯し、刑に処せられ、その執行を終わるまで、またはその執行を受けることがなくなった日から2年を経過しない者**
- **右記以外の罪を犯して禁固以上の刑に処せられ、または刑を受けることがなくなるまでの者（執行猶予中の者は除く）**
- **法人**

これらに該当する人は、いくら希望しても取締役になることができません。ただし合同会社の役員の場合は、このような欠格事由がないので、基本的には誰でも役員になることができます。

役員の任期は最長10年にしておく

役員には任期があり、**定款に定めがない場合は2年**です。**定款に定める場合は最長10年まで**延ばすことが可能で、この任期は自由に定めることができます。任期が満了になった後も継続して役員になる場合は、あらためて登記をする必要があります（重任登記）。小さな会社の場合は、頻繁に役員が変わることもないでしょうから、最初から任期を最長の10年にしておきましょう。

それぞれの役員の任期は？

役員には任期があり、満了になったら改めて登記しないといけません

	期間	定款に定められる期間
取締役	2年	1〜10年
会計参与	2年	1〜10年
監査役	2年	4〜10年

役員になれない人

成年被後見人、被補佐人※	会社法に違反した人
会社を運営するために必要な判断能力が不十分な人	会社法に違反し、刑の執行を終えてから2年経っていない人
会社法以外の罪を犯した人	**法人**
会社法以外の法に違反し禁固以上の刑に処せられている人	役員になれるのは「自然人」のみです

※被補佐人とは、精神障害等によって判断能力が不十分であると家庭裁判所から審判を受けた人

POINT!

任期が短いと、更新の度に2〜4万円ほど手数料がかかります。ただし、任期が長いと、任期途中での役員の変更がしにくくなります。

SECTION 04

合同会社の役員は社員という

合同会社は役員全員が出資者になる

合同会社では、役員は全員が必ず1円以上を出資しなければならず、また役員のことを「**社員**」といいます。これは一般的な会社員とは全く別ものですから、混同しないようにしましょう。社員の種類には「**代表社員**」と「**業務執行社員**」があり、代表権の有無によって分けられています。ちなみに本書では、一般にいう会社員のことを社員ではなく従業員とします。

代表社員と業務執行社員

合同会社の場合は、制度上**出資者である社員全員が業務執行権と代表権を持つ**ことになります。しかし複数の社員がいる場合、社員全員が会社の代表権を持っている状態となってしまいますから、このままでは混乱を招きかねません。

ですから代表社員を1人選び、その社員のみが代表権を持つのが一般的です。合同会社の代表社員は、株式会社でいえば代表取締役社長にあたります。代表社員を定める場合は、定款に明記しなくてはなりません。

代表社員を決めたら、次は他の社員の中から業務執行社員となる人を決めましょう。合同会社の業務執行社員は、株式会社でいう取締役にあたります。

社員の中には、出資はしたけれど、自分は経営には積極的に参加せず他の能力のある社員に任せたいと思う人もいます。このような場合、経営を担う社員を選んでその人に業務執行権限を与え、業務執行社員して定款に定めておきます。これにより、業務執行権があるのは業務執行社員だけになりますが、他の社員も役員であることには変わりませんので、業務管理や会社の資産管理等を監視する権限はあります。業務執行社員は、複数人指定することもできます。

合同会社の設立メンバー

全員に
代表権がある

社員（=出資者）

※社員になる人は、必ず1円以上出資しなければならない。

代表社員と業務執行社員を決める

社員

代表社員

業務執行社員

代表社員とは
代表権を持つ社員のこと。株式会社でいう代表取締役にあたる

業務執行社員とは
業務を執行する人のこと。株式会社でいう取締役にあたる

代表権とは

合同会社は出資した社員すべてに代表権がありますが、複数の社員がいる場合は、1人に絞ります。

社員全員に代表権があるので混乱防止のために代表社員を選び代表権を集中させましょう。

SECTION 05

発起人会を開催する

発起人会を開き、会社の重要事項を決める

発起人会はは1人でも行う

会社設立にあたってまずやるべきことが発起人を決めることです。発起人は1人でも構いませんし、複数いても構いません。発起人が1人しかいない場合は、特に話し合う必要もなく会社設立に関する事項を自分自身で決めていくことができます。しかし発起人が複数いる場合はそういうわけにいきません。

発起人が複数いる場合は、「発起人」会というものを開くことになっています。発起人会とは、**発起人となる人たちが集まり会社の概要を決めていく会合**のことを意味します。いちいち開催するのが面倒だと思うかもしれませんが、発起人となる以上、その会社に対する出資比率に応じて会社運営の決定権を持つわけです。ですから重要なことはきちんと最初に話し合いで決定していく必要があります。

重要事項は発起人会議事録に記録しておく

発起人会で話し合い決定した事項を記録した書類を、「発起人会議事録」と言います。発起人が1人の場合は、自分で「発起人設立事項決定書」を作成しましょう。

発起人設立事項決定書や発起人会議事録は、会社の設立登記の際には不要な書類です。役所などに提出する必要はありませんが、複数人で会社を経営する場合は特に、トラブルを防止する上でも重要な書類となりますので、必ず保管してください。発起人会議事録に記録する内容は、会社の商号、本店所在地、事業目的、資本金、発行可能株式数などを記します。小さな会社の場合、身内同士や友人あるいは仲間同士で発起人になるケースもあります。家族や友人のような親しい間柄でトラブルなんて起こるわけがないと考える人もいますが、必ず作成するようにしてください。

発起人会を開こう

発起人会議事録

令和４年７月１日、愛知県名古屋市中区○○丁目○番地において、発起人が出席し、発起人会を開催した。

記

1.商号は、中村商事株式会社とすること。
2.目的は、次のとおりとすること。
　1.○○の製造
　2.○○の販売
　3.前各号に附帯する一切の業務
3.発行可能な株式の総数は１０００株とし、その発行する株式１株の金額は１万円とすること。
4.設立に際して発行する株式の数は１００株とし、その発行価額は１株につき１万円とすること。
5.設立に際して出資される財産の全額を資本金とし、その額を金１００万円とする。
6.設立時取締役及び設立時代表取締役を次のとおりとする。
　設立時取締役　中村　花子
7.本店の所在場所を次のとおりとする。
　愛知県名古屋市中区○○丁目○番地

発起人の員数は１名とし、その氏名、住所は後記のとおりとし、現物出資は行わないものとする。発起人は、会社設立に関して報酬及び特別利益を受けないこととし、会社の設立費用は発起人が負担するものとする。

上記の決定事項を明確にするため、この議事録を作り、発起人がこれに記名押印する。

令和４年７月１日

愛知県名古屋市中区○○丁目○○番地
発起人　中村　花子　㊞

商号（会社の名前）を書く

修正があることを考え捨印を押印します。（㊞）

会社の事業内容をすべて書く

株に関する事項を書く

1株あたりの金額を書く

会社の代表者の氏名を書く

資本金の額を書く
資本金の額は後から増やすこともできる

発起人が複数いる場合は、全員分必要です。押印は認印でも構いません。

POINT!

発起人会議事録を作成しておくことで、後々のトラブルを防ぐことができます。

SECTION 06

会社の名前（商号）について知ろう

会社の名前のことを商号という

商号とは、会社の名前のことです。**正式な会社の商号は、法務局に登記したもの**になります。

商号の付け方にはルールがある

会社の商号を決める際にはいくつかの決まりがあります。まず、社名の前後に「株式会社」や「合同会社」と会社の種類をつけます。株式会社であれば「株式会社〇〇」「〇〇〇株式会社」となりますし、合同会社であれば、「合同会社〇〇〇」「〇〇〇合同会社」となります。

使える文字は漢字、ひらがな、カタカナ、アルファベット、数字のほか、「&」「・」「'」「,」「.」「-」の記号が使えます。同じ本店の所在地に同じ商号は登記できません。

また、銀行や保険会社は商号に「銀行」や「保険」という文字を使わないといけませんが、これらの業種でない会社はこの文字を使うことができません。また、「〇〇事業部」や「〇〇〇営業部」などの会社の部門を表す言葉も使えないので注意が必要です。

ライバルと同じ商号は避けるのが無難

また、競合会社と同じ商号を使っていないかどうかも事前に確認しておきましょう。

著名な商号と同じまたはよく似ている商号をつけることは、不正競争防止法という法律で禁止されています。他社の商号は、インターネットもしくは法務局で調べることができます。

商号を付ける時は、決まりさえ守っていれば自分の好きな商号を付けることができますが、その後のことを考えると、誰からも読めない外国語や造語などは、消費者から覚えてもらいにくいため、おすすめできません。

会社の名前の決め方

商号を決めるときのルール

①社名の前後に「株式会社」や「合同会社」の会社の種類をつけます。

株式会社であれば「株式会社○○○」「○○○株式会社」。合同会社であれば「合同会社○○○」「○○○合同会社」となります。

②使える文字は決まっている

漢字、ひらがな、カタカナ、アルファベット、数字のほか、「&」「・」「.」「,」「'」「-」の記号が使えます。

※以前はアルファベットが認められませんでしたが、平成14年11月からは使用できるようになりました。

③同じ本店の所在地に同じ商号は登記できません。

④銀行や保険会社以外は「銀行」や「保険」の文字は使えない

⑤会社の1部門を表す言葉は使えない

「○○○事業部」や「○○○営業部」などの会社の1部門を表す言葉は使えません。

POINT!

有名な企業と同じ名前はNGです。読みにくい名前も、覚えてもらえず逆効果です。

SECTION 07

会社の設立日と事業年度を決める

設立日にこだわるなら余裕を持っておく

会社の設立日は**会社の登記申請が法務局に受理された日**です。法務局は土日祝日と年末年始がお休みになりますから、会社の設立日は法務局がそれ以外の日になります。また、後ほど詳しく説明しますが、登記申請が受理される期間は、株式会社で約1ヵ月、合同会社で約3週間かかるとみたほうがよいです。それ以外にも定款認証（P122）や印鑑の作成、印鑑証明書の取得、書類の作成などがありますから、決まった日を設立日にしたい場合は余裕を持った計画を立てるようにしてください。

会社の事業年度も決めておこう

会社の経営状態を把握するためには、ある一定期間を区切って収支を計算しなければなりません。会社が儲かっているかどうかを判断するために区切られた期間のことを、事業年度といい、会社を設立する際には事業年度を決めなくてはなりません。

事業年度は1年以内であれば期間の長さに定めはなく、開始日と終了日に関する決まりも特にありません。とはいえ、会社の経営状態を正確に把握するには、同じ期間で比較しなければなりません。ですからほとんどの会社が事業年度を1年（12ヵ月）に設定しています。ただ、その事業年度の開始日は会社それぞれです。

事業年度を決めるときは、会社の決算日から考えるのがおすすめです。決算日とは、事業年度の最終日のことで、決算日にはその年の会社のすべての収支状況を整理し、それを記録した計算書類や税金の申告書などを作成することになっています。これらの作業は膨大になるため、**会社の繁忙期を避けて決算日を決め、そこから事業年度を決める**という方法もあります。

会社の設立までに何日くらいかかる？

登記書類作成のための準備（約2週間〜1か月）

発起人を決める

設立メンバーとなる人を決める。

会社の基本事項を決める

会社の基本事項となる、会社の目的、社名、事業内容、本店所在地（本社となるところ）、資本金の額、役員構成など。

事業目的や商号を確定させる

決めた事業目的の的確さや商号の重複を調べる。

会社印の作成と印鑑証明書の取得

代表印、銀行印、角印、（ゴム印）を用意する。

登記の準備と申請（約1か月）

定款の作成と認証

会社の定款（基本的な決まり）を作成する。作成した定款は、公証役場で認証を受ける。

資本金の払込

資本金を代表者の口座に払込み、通帳をコピーする。
※募集設立の場合は、払込金保管証明が必要。

設立登記申請書の作成と申請

資本金の払込みから2週間以内を目処に設立登記申請書を作成し、法務局で申請する。

設立後の手続き

登記事項証明書の取得

登記完了後、法務局で登記事項証明書を取得する。

各種届出

税金や社会保険などの届出を行う。※P.138参照

POINT!

会社の設立日は会社の登記申請が法務局に受理された日になります。会社の設立日にこだわりがある場合は、余裕をもって設立日にしたい日から逆算して準備をしましょう。

注意！ 法務局がお休みの日である土日祝日と年末年始は、会社の設立日にすることはできません。

SECTION 08

本店所在地を決める

会社の本社をどこにする？

所在地によって税金が異なる

会社を設立する際、会社の所在地を明らかにしなければなりません。会社の所在地のことを会社法では「本店所在地」といいます。一般的に本店というときは店舗がある場合や本店や支店などと言いますが、それとはまったく関係がありませんので覚えておきましょう。

本店所在地をどこにするかは基本的に自由に決められますが、納税の際には本店の所在地が納税地となります。本店所在地が定まることで所轄の税務署や都道府県事務所、市町村役場などが決まるため、税金関係だけでなく、その他のさまざまな決まりも原則として本店所在地にある都道府県事務所、市町村役場の決まりに従って会社を運営していくことになります。

ちなみに本店以外の場所に事務所を構えることもありますが何も問題ありません。ただし、本店と離れた場所に事務所を構える場合は税金面で注意が必要です。例えば本店のあるA市の他に、隣の県にあるB市に事務所を構えることになった場合では、A市とB市それぞれに対し法人住民税が必要になります。

本店の移転には手間とお金がかかる

事情があって登記した本店所在地から移転する場合、登記の変更手続きを行わなければなりません。その際、同一の法務局の管轄内で移転する場合（本店所在地の住所変更）は法務局へ登録免許税として3万円支払わなければなりません。移転によって管轄の法務局も変わってしまう場合は、移転前の管轄法務局に対し3万円、移転先の管轄法務局に対し3万円の登録免許税が必要になります。手続きも面倒ですが、住所変更するだけで費用がかかってしまうため、本店の移転などは慎重にされることをおすすめします。

本店を決めるときは、移転のことも考える

同じ管轄エリア内での移転の場合

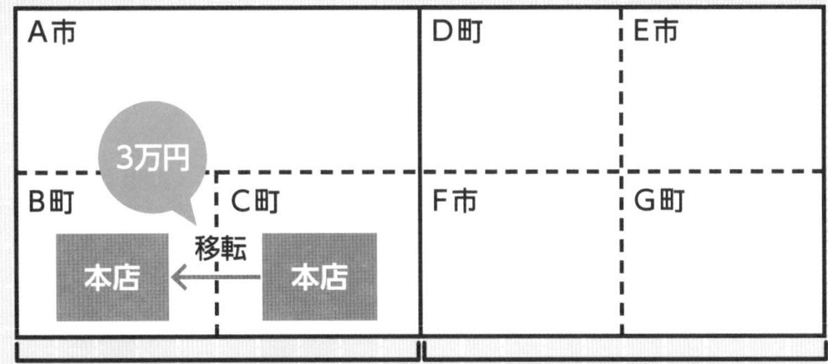

●この場合は、○×法務局に手数料3万円を支払う

異なるエリア内での移転の場合

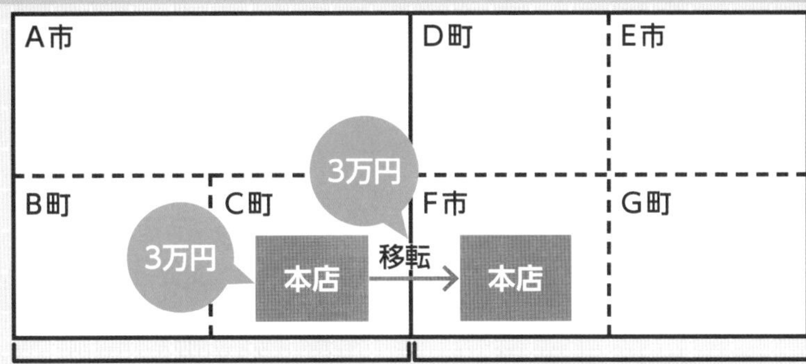

●この場合は、両方の法務局へ手数料3万円ずつ支払うため、移転するのに6万円かかる

移転するときは、税金や登録免許税のことも考えておこう。

SECTION 09

事業目的を決める

事業目的によって許認可が必要になる

事業は定款(ていかん)に定めた範囲内で行う

会社を設立する時は必ず「目的」を決めなければなりません。会社を設立したら何をやってもいいわけではなく、決めた「目的」の範囲内でしか会社は事業を行えないことになっているからです。言い換えると、会社は目的の範囲内に限り法人格が与えられています。ですから、目的に定めていない事業はできませんし、権利や義務の主体にもなれません。

事業目的を決める際に注意しておくことは、これから設立する新会社で行う事業に許認可の取得が必要かどうかです。いくら会社を設立したからといって自由に事業をしていいわけでなく、業種によっては法令や条例に基づいた許可や届出が必要な場合があります。許認可が必要な業種で開業する場合、**定款に定める事業目的の中に許認可に関係することが含まれていないと許認可が取れない**場合がありますので気をつけてください。

将来を見据えた目的を決めよう

事業目的は、**会社設立後すぐに行う事業でなくても、将来的に事業展開としてやる可能性が高い事業がある場合は、前もって記載**しておきましょう。というのも、会社の事業目的は、設立後でも変更や追加が可能ですが、その度に登記の申請が必要で、登記手数料がかかるからです。しかも、手続きを司法書士などの登記の専門家に依頼する場合は、その報酬も発生します。事前にわかっていることで抑えられる費用があるならば、できる限り抑えておきたいものです。

ただ、あれもこれもと書き並べるのはよくないでしょう。目的の数には制限はありませんが、あまり多いと一体何をする会社かわからなくなってしまいます。できるだけ関連性の高い目的でまとめていきましょう。

会社の事業目的

事業目的を決めるときは、適法性・営利性・明確性の3つを守るようにしましょう。

適法性 公序良俗に反しないもの。特定の業種の独占業務とされていること（士業の業務など）。

営利性 ボランティアなどの活動は認められない。営利を追求したいなら、NPO法人などの設立を。

明確性 広く認知されている表現で記載する。たとえば「FC（フランチャイズ）」はフランチャイズと書く。

事業目的の記載ポイント

- **将来的にやりたい事業も書いておく**
  たとえば飲食店の開業で、将来的にフランチャイズ展開を考えている場合は、その旨を記載する
- **許認可が必要な場合は、正しく記載しなければならない**

やりたい事業	期間	○許認可が取れる記載
中古品の買取・販売	中古品の買取・販売事業	古物営業法に基づく古物商
旅行業	観光ツアーの斡旋旅行代理業	旅行業法に基づく旅行業及び旅行業者代理業
障害者支援施設の運営	障害者のグループホーム事業	障害者総合支援法に基づく障害福祉サービス業

POINT!

会社の事業は、定款に定めていないと行うことができないので注意しましょう。

主な許認可は4種類ある

許認可の種類によって手続きが違う

ここでは許認可が必要な業種について説明していきますが、その前に許認可手続きの種類を知っておきましょう。一言で許認可といっても、様々な種類があります。その種類とは、**「許可」「認可」「登録」「届出」**と4つあります。

- **「許可」とは、営業に際して厳しい審査が必要な業種を始める場合に必要な手続きです。建設業や飲食業などが該当し、審査に合格しなければ営業できません。**
- **「認可」とは、営業するのに行政の同意が必要となる場合に行う手続きです。会社以外の社会福祉法人などは行政からの「認可」がなければなりません。**
- **「登録」とは、定められた要件を満たさないと始めることができない業種の場合に行う手続きです。旅行業や貸金業が該当します。**
- **「届出」とは、営業を行うことを官庁に届け出る必要がある業種で、原則審査はありません。業種としては、クリーニング店などが該当します。**

許認可が必要な業種の例

許認可が必要になる業種とはどんなものでしょうか。例えば、古物商の許可の場合は「古物営業法に基づく古物商」、旅行業なら「旅行業法に基づく旅行業及び旅行業者代理業」、「障害者のグループホーム事業」なら「障害者総合支援法に基づく障害福祉サービス事業」などがあります。

左のページに、許認可の手続きが必要になる事業を一部掲載しました。自分の事業に許認可が必要かどうかは、事前に行政の担当者に確認をしておくのが間違いありません。許認可に必要な書類は、所轄官庁のウェブサイトからダウンロードできるので簡単に入手できます。

許認可の手続きが必要な事業

業種	許認可	届け先
飲食店	許可	保健所、都道府県
食品製造業・販売業		
薬局		
ホテル・旅館業		
私立学校	認可	都道府県
保育所		
旅行業	登録	都道府県または観光庁
電気工事業		都道府県 または経済産業省
ガソリンスタンド		
貸金業		都道府県
理容・美容業	届出	保健所、都道府県
監査役		

許認可を得る要件をCheck!

許認可を取得するには、さまざまな要件があります。飲食店では、食品衛生責任者の資格が必要ですが、この資格の取得には講習を受けるだけで取得できます。しかし、美容院の開業に必要な美容師は国家資格が必要です。このように、要件に必要な資格がある場合は、開業に間に合うように取得しておきましょう。

POINT!

やりたい事業に許認可が必要かを必ず確認します。申請先もそれぞれ異なるので要注意。

SECTION 11

創業計画を立てよう

事業成功につながる創業計画とは？

人に理解される創業計画を作ろう

創業計画とは、文字通り事業を進めていく上での計画を示したものです。会社を設立して本格的に経営していく以上、場当たり的な判断ばかりではあっという間にうまくいかなくなってしまいます。**創業計画を作り自分の考えや客観的な数字などを盛り込んでおくことで、会社にとってどんな決断がベストかを判断**できるようになります。

また、作成した創業計画書は、取引先や提携先でプレゼンに用いたり融資を受ける金融機関に提出を求められたりすることもあります。

事業計画に必要な項目とは？

ここで、「創業計画書って言われても、何を書けばいいの？」と思われる人もいると思います。実は創業計画書に書かれる項目に特別な決まりはありません。一般的に創業計画書に含まれる項目としては、「会社設立の動機(開業の動機)」「事業の概要」「競業の状況」「将来の目標」「仕入れ計画」「収支予算表」「資金調達計画」「広告・宣伝方法」「戦略」などがあります。

それぞれの項目で実現したいことやそのために必要なこと、かかる費用などを明確にしていきましょう。

創業計画書のフォーマットはどうする？

創業計画書は公文書ではありませんから、形式に決まったものはありません。ですが、金融機関で融資してもらう場合、申請する際に指定されたフォーマットでの提出を求められるケースもありますので、その場合は指示に従ってください。特に誰からも指定を受けていない場合は、日本正確金融公庫が公開している創業計画書のフォーマットなどを使うとよいでしょう（P92）。

創業計画に必要な項目

❶設立の動機	❷事業の概要	❸競業の状況
なぜ会社を設立するのか？　ビジョンなどを説明する ・自分の熱い想いはもちろん、会社設立によって社会貢献や業界の活性化に貢献するといった内容になっているとよい	会社の事業内容について説明する ・箇条書きで済ませるのではなく、具体的なサービスの内容やセールスポイントなどがあるとよい	市場の状況やライバル会社の状況を示し、自分の会社がどのような状態に置かれているかを説明する ・数字や統計データなどを用いて自社の優位性が示せるとよい
❹将来の目標	**❺仕入れ計画**	**❻収支予算表**
将来的なビジョンを示しておく ・数字などを用いて具体的にするとよい	取引先や取引関係のことを説明する ・取引実績がすでにあるなら明記する ・取引条件などを具体的に記入する	自社の商品・サービスの販売価格や売上シェアの予測を示しておく ・売上の予測だけでなく支出のことも書いておく
❼資金調達計画	**❽広告・宣伝**	**❾戦略**
開業時の資金をどのように調達するのかを示す ・自己資金が少なすぎると思われないようにする ・具体的な根拠を示すとよい	開業後のPRをどうするのかについて説明する ・どうやって認知を拡大させていくのか、手法と予算を示す	創業時と軌道に乗ったあとの利益計画などを示す ・少し厳しめにしておくとよい ・売上高を先に決め、どうやって達成していくかを考える

POINT!

創業計画書は、自分の考えが明らかにできるだけでなく、第三者に理解してもらうのにも役立ちます。

創業計画書

☆ この書類は、ご面談にかかる時間を短縮するために利用させていただきます。
なお、本書類はお返しできませんので、あらかじめご了承ください。
☆ お手数ですが、可能な範囲でご記入いただき、借入申込書に添えてご提出ください。
☆ **この書類に代えて、お客さまご自身が作成された計画書をご提出いただいても結構です。**

雇用の予定があれば記入します

5 従業員

常勤役員の人数（法人の方のみ）	人	従業員数（3ヵ月以上継続雇用者※）	人	（うち家族従業員） 人 （うちパート従業員） 人

※ 創業に際して、3ヵ月以上継続雇用を予定している従業員数を記入してください。

6 お借入の状況（法人の場合、代表者の方のお借入）

お借入先名	お使いみち	お借入残高	年間返済額
	□事業 □住宅 □車 □教育 □カード □その他	万円	万円
	□事業 □住宅 □車 □教育 □カード □その他	万円	万円
	□事業 □住宅 □車 □教育 □カード □その他	万円	万円

7 必要な資金と調達方法

	必要な資金	見積先	金額	調達の方法	金額
設備資金	店舗、工場、機械、車両など（内訳）		万円	自己資金	万円
				親、兄弟、知人、友人等からの借入（内訳・返済方法）	万円
				日本政策金融公庫 国民生活事業からの借入	万円
				他の金融機関等からの借入（内訳・返済方法）	万円
運転資金	商品仕入、経費支払資金など（内訳）		万円		
	合計		万円	合計	万円

資金額の根拠として見積書を添付する

8 事業の見通し（月平均）

		創業当初	1年後又は軌道に乗った後（ 年 月頃）	売上高、売上原価（仕入高）、経費を計算された根拠をご記入ください。
売上高①		万円	万円	
売上原価②（仕入高）		万円	万円	
経費	人件費（注）	万円	万円	
	家賃	万円	万円	
	支払利息	万円	万円	
	その他	万円	万円	
	合計③	万円	万円	
利益 ①－②－③		万円	万円	（注）個人営業の場合、事業主分は含めません。

金額が一致するように

借入がある場合は状況を記入します

9 自由記述欄（アピールポイント、事業を行ううえでの悩み、希望するアドバイス等）

借入金の返済元金はここから支払われることになります

これまでのご経験や事業内容の詳細が分かる計画書など、参考となる資料がございましたら、併せてご提出ください。

創業計画書

創業のきっかけや自身の経歴、事業の特徴について簡潔にまとめる

創 業 計 画 書　　〔　　年　　月　　日作成〕

お名前

1　創業の動機（創業されるのは、どのような目的、動機からですか。）

	公庫処理欄

2　経営者の略歴等（略歴については、勤務先名だけではなく、担当業務や役職、身につけた技能等についても記載してください。）

年 月	内 容	公庫処理欄
過去の事業経験	□ 事業を経営していたことはない。 □ 事業を経営していたことがあり、現在もその事業を続けている。 （⇒事業内容：　　　　） □ 事業を経営していたことがあるが、既にその事業をやめている。 （⇒やめた時期：　　年　　月）	
取得資格	□特になし　□有（　　番号等　　）	
知的財産権等	□特になし　□有（　　□ 申請中　□ 登録済　）	

3　取扱商品・サービス

		公庫処理欄
取扱商品・サービスの内容	①　（売上シェア　　%） ②　（売上シェア　　%） ③　（売上シェア　　%）	
セールスポイント		
販売ターゲット・販売戦略		
競合・市場など企業を取り巻く状況		

4　取引先・取引関係等

	フリガナ 取引先名 （所在地等（市区町村））	シェア	掛取引の割合	回収・支払の条件		公庫処理欄
販売先	（　　）	%	%	日〆	日回収	
販売先	（　　）	%	%	日〆	日回収	
販売先		%	%	日〆	日回収	
仕入先	（　　）	%	%	日〆	日支払	
仕入先	（　　）	%	%	日〆	日支払	
仕入先	ほか　社	%	%	日〆	日支払	
外注先	（　　）	%	%	日〆	日支払	
外注先	ほか　社	%	%	日〆	日支払	
人件費の支払	日〆	日支払（ボーナスの支給月	月、	月）		

販売や仕入れに関する条件を確認し、記載しておく

販売先や仕入れ先があれば記入する。契約書などがあれば別途添付する方がよい

SECTION 12

資金調達計画を立てる

お金の流れをイメージしよう

資金調達計画は特にしっかり

会社にとって最優先事項は、血脈ともいえるお金の流れを滞らせないことです。前項でお伝えした事業計画を作成する過程でも最も重要なのは資金調達の計画です。会社を設立するだけなら、登記手続きに必要な費用と資本金があれば十分ですが、設立した後に事業をスムーズに行っていくにはある程度の資金が必要になります。

自己資金についてはこの後説明しますが、会社設立後に**事業が軌道に乗るまでの約6ヵ月分を運転資金として用意しておく**必要があります。そのためには、半年分の経費を計算し、手元にある資金と売上予測を併せ、運転資金がショートしてしまわないかを判断します。もしも足らないことが判明したなら、その時点で融資を受けるための準備もしなければなりません。

資金調達の方法については5章で述べますが、大事なことは月ごとの経費を「家賃」「人件費」「広告費」「光熱費」「返済」「その他の雑費」別に把握し、6ヶ月分の運転資金を「売上」「自己資金」「借入金」などでまかなえるようにしっかり計画を立てることです。

自己資金はいくらあればいい？

開業に必要な資金は、設立する会社でどのような事業を行うかによってさまざまですから一概にはいえません。理想としては、融資を受けたり借金をしたりせず、自己資金ですべてまかなうことですが、それが難しい場合もあるはずです。自己資金でまかなえない場合は何らかの方法で資金調達しなければなりませんが、資金調達をする上でも重要な判断要素となるのが自己資金です。

自己資金の割合が多いほうが、融資審査などで有利ですから、開業に必要な資金のうち3～5割程度は準備できるといいでしょう。

資金調達計画はしっかりする

自己資金は6か月分くらいの運転資金を用意する。

開業費用と6か月間の運転資金

費用項目	開業費	1月	2月	3月	4月	5月	6月	計
事務所敷金	300,000							300,000
事務所礼金	300,000							300,000
リフォーム費用	1,000,000							1,000,000
家具	150,000							150,000
パソコン	150,000							150,000
広告費	300,000							300,000
その他	100,000							100,000
家賃		150,000	150,000	150,000	150,000	150,000	150,000	900,000
駐車場代		20,000	20,000	20,000	20,000	20,000	20,000	120,000
仕入れ		100,000	100,000	100,000	100,000	100,000	100,000	600,000
雑費		50,000	50,000	50,000	50,000	50,000	50,000	300,000
人件費		400,000	400,000	400,000	400,000	400,000	400,000	2,400,000
光熱費		30,000	30,000	30,000	30,000	30,000	30,000	180,000
通信費		20,000	20,000	20,000	20,000	20,000	20,000	120,000
返済		70,000	70,000	70,000	70,000	70,000	70,000	420,000
合計	2,300,000	840,000	840,000	840,000	840,000	840,000	840,000	7,340,000

開業資金

開業後の運転資金

事業に必要な経費 ＋ 自分（社員）の給与 × 6か月分 ＝ 運転資金

POINT!

上の例だと、運転資金として7,340,000円以上、融資を含めて手元に必要です。

SECTION 13

資本金はいくらがベスト？

運転資金の半年分が目安

資本金は、事業の元手となるお金のことです。会社設立後は、資本金を事業資金として使用します。法律上では、会社は資本金1円から作ることができると定められていますが、実際に資本金1円で会社を設立する人はいません。想像していただければわかりますが、会社のホームページやパンフレットの会社概要欄に「資本金1円」と書いてある会社を信用できるでしょうか。明らかに資本力がなさそうな会社は、返済能力がないとみなされてしまい融資を受けることも難しいでしょう。そもそも1円では、会社の運営は成り立ちません。今までたくさんの会社設立をサポートしてきましたが、平均的な資本金の額は100万円から300万円の間といったところでしょうか。

事業を始めて軌道に乗るまでの間の運転資金として、ある程度の余裕のある金額で決めて下さい。家賃や仕入れのための費用、人件費など**6か月くらいの運転資金相当額が資本金額の目安**となります。必要な運転資金のうち、足らない場合は融資を受けて用意することも可能ですが、あまりに資本金が少ないと、事業計画に対する甘さや準備不足を指摘されてしまいます。資本金は、前もってしっかりと融資を受ける、出資を募るなどして、準備をしてください。

資本金が多すぎてもよくない

資本金は多いほどいいという訳ではありません。それは、**資本金の額が税金の納税額に影響**をしてくるからです。1章でも触れましたが、資本金の額が1000万円未満だと様々な優遇があります。法人住民税が優遇されたり、会社設立後の最大2年間は消費税の納税義務が免除されたりするからです。

資本金は多ければ多いほどいいの？

資本金は1000万円未満を目安にしよう!

- 法人住民税が優遇される
- 会社設立後、最大2年間は消費税の免税事業者となり納税義務が免除される

開業資金と運転資金でいくら必要?

資本金は運転資金の半分が目安といいましたが、まずは実際に算出してみるのがおすすめです。下の表を使って把握してみましょう。

開業資金はいくら?

事務所関係	敷金・礼金	
	補償金	
	家賃	
	仲介手数料	
	内・外装工事費	
備品関係	パソコン・プリンター	
	机・椅子・家具	
	文具・その他備品	
	通信機器	
宣伝広告	名刺・パンフレット	
	広告費	

運転資金はいくら?

固定費	事務所賃料	
	人件費	
	光熱費	
	通信費	
変動費	仕入れ代金	
	広告宣伝費	
	ガソリン・交通費	
	消耗品費	
返済	借り入れ	

POINT!

法律上は資本金1円でも可能ですが、それでは法人として信用を得ることはできません。

COLUMN

売上予測はどうやって立てる？

創業計画を立てる際に、会社のお金の動きがどのようになるのか考えていかなくてはなりません。その際に作成しておきたいのが販売計画です。販売計画では、自分の会社の商品・サービスをどのように販売していくのかが客観的に示されたものです。販売計画を作成するには、まず5W1Hに従って考えて、その後により具体的に売上予測を立てていきます。

①When（いつ）……販売期間や営業時間はどうするか
②Where（どこで）……会社や店舗の立地、販売する場所（リアル・オンラインなど）をどうするか
③Who（誰が）……販売する人や人はどうするか
④Whom（誰に）……どんな人をターゲットにするのか（誰が買ってくれる・利用してくれるのか）
⑤What（何を）……どのような商品・サービスを販売するのか
⑥How（どのように）……どういった方法で販売していくのか

＜売上予測の立て方＞

上で考えた内容をもとに、実際に運営した場合にどのくらいの売上があるのかを計算してみましょう。基本的な売上は、次のように算出することができます。

売上＝客数×客単価×購入頻度

上記の他にも、業種別に適した売上を出すための算式があります。

- 店舗型業種の場合……1㎡あたりの売上高×店舗面積
- 飲食などのサービス業……客単価×席数×回転数
- 訪問販売型の業種……従業員1人あたりの売上高×従業員数
- 設備が直接売上に結びつき、設備単位で生産能力が明らかにできる業種……設備の生産能力×設備数

会社設立の流れを確認しよう

商号はこの桃太郎さん案でいきましょう！
ではいよいよ……
登記だね！
トウッキー！
ばっさ
ばっさ
みんなで法務局へ登記に向かお……
ばっさ
ばっさ
ばっさ
ばっさ
わっでかいキジが飛んでくる！
法人化

気になる旗が見えたもので飛んできましたキジ
なるほど登記に向かおうとしているキジね
事業計画書
キジは優秀な会計士だった
今はとある事情からひまを持てあましている
じろじろ
確かにやる気はおありのようだキジ
しかしながら問題が……
事業計画書
じろじろ
うっやはり商号に問題が？
『キビキビバスターズ』はいまいちか……
そこじゃないキジ

お前さん方はまだ定款認証を受けていないいんだキジ
定款認証
それどころか会社印すら持っていないときたもんだキジ
え？定款？認証？
運転資金も頼りない
これじゃ法人成りしても融資は期待できないキジ
おぇぇ――――っ!!!
さっきまであんなに楽しかったのに……
すまないキジね
キジはわるくない
？
はっ

その腰から
提げた
布袋は
……
「桃源郷の
きびだんご」
キジ！
はじめて
見たキジ
え？
なになに？
ロゴ
キジによると
その布袋は
超高級店が公認する
一流和菓子職人の
証だった！
おばあさんが作る
幻の味は
「まるで桃源郷の
食べ物」と
評されているらしい
大変価値がある
そのおだんごを
現物出資すると
いいキジ
これなら
融資の審査も
有利に
なりそうだ
キジ
思わぬ形で
だんごが
役に立ちました
3章を
読んで
登記に
行きま
しょう

SECTION 01

会社設立のスケジュール

会社設立の流れを知ろう

会社設立までには時間がかかる

会社設立の流れは左のページのようになります。会社の登記が完了し晴れて会社設立となるまでには、たくさんの手順を踏まなければなりません。十分な余裕をもって準備を進めていきましょう。

手続きに必要な期間はどのくらい？

あくまで目安になりますが、株式会社を設立する場合は定款認証が必要ですから、**手続きがすべて完了するまでに約1か月**は必要だと考えておきましょう。定款認証手続きがいらない合同会社の場合でも、最低3週間は必要と考えてください。法務局に登記申請してから登記完了までの期間は、申請書類に不備が無ければ3日～10日ほどで完了しますが、法務局の混み具合によってはもう少しかかる場合があります。もしも作成した書類に不備があった場合は、修正に時間がかかるので、その分手続きも遅れます。

会社設立は、思った以上に時間がかかるものです。さまざまな決め事をしなければなりませんし、書類の作成もたくさんあります。また、法務局や公証役場とのやりとりが予定通りに進まないケースも少なくありません。しかも普段の仕事や日常生活を送りながら同時進行で会社設立の準備を行っていく人がほとんどですから、予定通りに進まないことを想定し、十分余裕を持った計画を立てておく必要があります。

ちなみに、会社設立の手続きは自分でもできますが、もし書類に不備があった場合はやり直しになります。そうなると、予想していたよりも時間がかかってしまうことがあります。設立を急ぐのであれば、行政書士など専門家に依頼したほうが、時間と労力の節約になります。

会社設立のスケジュール

約1～2日
- ❶設立メンバーを決める
- ❷会社の設立日・商号・所在地を決める

約1～2週間
- ❸事業計画をまとめる
- ❹資本金を決める
- ❺事業目的の調査・適否の確認

約1～2週間
- ❺事業目的の調査・適否の確認
- ❻会社の印鑑を作成する

約1か月
- ❼定款を作成する
- ❽公証役場で定款の認証を受ける
- ❾資本金を払い込む
- ❿登記申請書類を作成する
- ⓫会社設立登記の申請をする

約1～2週間
- ⓫会社設立登記の申請をする
- ⓬会社設立（登記完了）

POINT!

手続きの期間の目安は、株式会社は定款認証も必要ですから約1カ月。定款認証手続きがいらない合同会社でも3週間くらいはみておきましょう！

SECTION 02

会社設立の費用

会社設立はいくらでできる?

会社設立にはどんな費用がいる?

会社設立には具体的にいくら必要なのかをお伝えしていきます。会社の設立の手続きは、原則自分でも行えますから、士業などの専門家に依頼せず、すべて自分で手続きをする場合で考えてみましょう。

株式会社の設立に必要な費用は、大きく3つに分けられ、**「公証人手数料」**、**「登録免許税」**、**「定款に貼付する印紙代」**があります。まず、公証人手数料と呼ばれるものです。公証人手数料とは、会社設立時に必要な定款を認証する際の手数料です。手数料は資本金によって異なります。次に登録免許税とは、会社を登記する際に国に納める税金のことです。こちらも資本金によって金額が異なります。3つ目は、印紙代です。定款に貼付する印紙代として必要です。この印紙代は、電子定款にすれば不要となります。

定款認証のための公証人手数料

公証人手数料は、株式会社の定款認証に必要な費用です。費用は左のページのように資本金によって異なるので注意してください。

書面の定款の謄本交付の手数料、謄本の用紙1枚ごとに250円、おおむね8枚2000円くらいです。ちなみに電子定款の場合、電磁的記録の保存(CDR等への保存)1件につき、300円となっています。

登記するためには税金が必要

登録免許税は、会社を登記する際に国に納める税金のことです。株式会社の場合、資本金が2140万円以下の場合は15万円(または資本金額の0・7%のうち高いほう)となっています。合同会社の場合は、6万円(または資本金額の0・7%のうち高いほう)となります。

設立に必要な費用は？

手続き	内容		株式会社	合同会社
定款認証	定款認証手数料	資本金100万円未満	30,000円	ー
		資本金100万円以上300万円未満	40,000円	
		その他	50,000円	
	印紙代	※電子定款の場合は不要	40,000円	ー
	定款の謄本	一枚	250円	ー
登記	登録免許税	資本金額の1000分の7	15万円に満たないときは1件につき15万円	6万円に満たないときは1件につき6万円
その他	印鑑作成費用	代表者印、銀行印、角印	7,000〜50,000円	
	印鑑証明書	1〜2通	450〜900円	

公証人とは、法律の専門家で公正証書を作成したり、会社の設立定款を認証したりする人のことです。

SECTION 03

会社設立費用を抑える

会社設立は節約できる？

電子定款なら印紙代が不要

次に印紙代です。株式会社の書面の定款には、印紙税法によって4万円の収入印紙を貼付しなければならないと定められています。しかし、電子定款の場合は、印紙は不要とされています。

設立費用は経費にできる

これまでに挙げた費用を合計すると、**会社設立に必要な費用は株式会社で20万円から25万円くらい、合同会社で、8〜9万円くらい**です。

ただし、これはあくまでも最低限の必要です。これ以外に必要な費用としては、発起人や役員の印鑑証明書を市区町村役場などで取得する費用や、会社の印鑑作成費用（同時に銀行印と角印も作成）などもあります。さらに資本金の用意も必要です。ちなみに、設立にかかった費用はすべて会社の経費になりますから、領収書などはきちんと保管しておきましょう。

会社設立は自分で行う方が安い？

会社設立の手続きを自分で行わない場合は、専門家に代行してもらうこともできます。行政書士などに依頼した場合、平均的な報酬が4万円程度ですから、電子定款を行って収入印紙代を節約すれば、それほど費用がかかりません。

会社設立の前には印鑑証明書を取得する

会社設立には個人の実印が必要になります。

個人の実印は、登記申請の際に必要書類となる定款に使用します。登記の際には、会社設立より3か月以内に発行された印鑑証明書も必要ですから、個人の実印とその印鑑証明書をあらかじめ準備しておいてください。

会社設立は自分でやる？ それとも代行する？

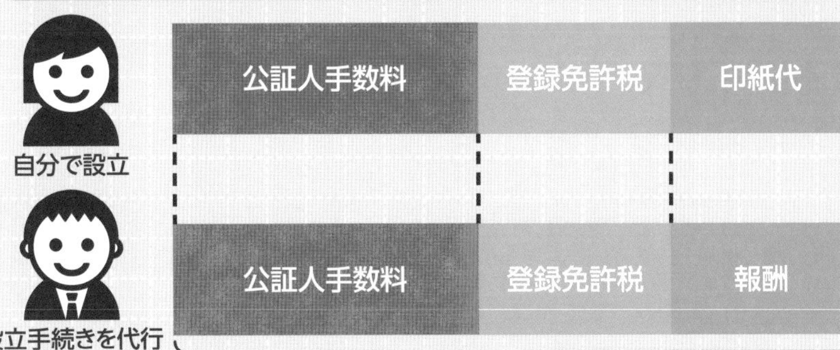

よくある申請手続きのミス

印鑑に関すること

- 押印もれ
- 契印もれ
- 印鑑まちがい
- 不鮮明な印
- 印鑑証明書の期限切れ

その他

- 書類の不足
- 記載内容の誤字・脱字

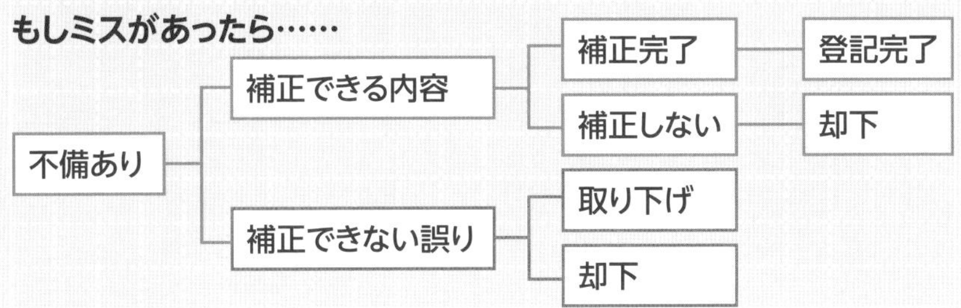

POINT!

行政書士などに依頼しても電子定款認証を受けることで費用を抑えることができます。専門家に任せることでミスも防げるので、検討してみましょう。

会社印はいつまでに、どんなものを作ればいい？

印鑑は登記申請までに3種類作る

会社設立後はいろんな場面で会社の印鑑が必要です。会社の印鑑は「**代表者印**」「**銀行印**」「**角印**（**認印**）」の3種類を作っておきましょう。

会社の印鑑は、登記申請までに必要ですから、**会社の商号が決まったら早速発注**して準備を始めてください。ハンコ屋さんの実店舗で注文するのもいいですが、最近はインターネットでも手軽に注文できます。どのサイトも会社の印鑑3種類セットを用意していて、作成期間は3日から1週間くらいが目安です。

費用は、こだわりが無ければ1万円以内で作成できるようです。中にはゴム印と4点セットを推奨していることも多いです。ゴム印はとても便利で、あると重宝しますのでおすすめです。

会社印には規定がある

「代表者印」は、登記申請の際に会社の代表者の印として届出る印です。前項でもお伝えしたとおり、会社の登記申請までに必ず用意しておいてください。

代表者印は会社の実印となり、大きさに決まりがあります。代表者印の大きさは、辺の長さが1cmを超え、3cmの正方形の収まるものでなければなりません。形は楕円や四角でも可能ですが、丸型が一般的です。

「銀行印」は銀行取引に用いる印のことで、会社設立後に会社名義で銀行口座を開設する際に必要です。

「角印」は認印といわれる印のことです。領収書や請求書などを発行するときなど、日常的に使用します。

押印の仕方も覚えておきましょう。ついでに押印の種類についてはP132の中で紹介しています。

会社の印鑑のつくり方

種類	説明			
代表者印	代表取締役などが重要書類に押印することに使う。代表者が交代しても使うので、会社名のみ。1辺の長さが1cmを超え、3cmの正方形に収まるもの。丸型や四角形意外に小判方もOK。			
	届出先	法務局	用途の例	各種契約や手続きなど
銀行印	銀行で法人口座を開くときに使う。特にサイズの決まりはない。			
	届出先	金融機関	用途の例	口座取引、手形や小切手など
角印	代表者印や銀行印の代わりに使用する。日常の業務でよく使用する。サイズの決まりはない。			
	届出先	なし	用途の例	日常業務で自社が発行する書類に押印する

ゴム印

朱肉

印鑑ケース

POINT!

会社の代表社印は、大きさが決まっているので注意してください。

SECTION 05

会社設立に欠かせない定款の作り方

定款ってなに？

「**定款**」（**ていかん**）**は**、**会社のルールを定めた規則**、いわば「会社の憲法」のようなものです。株式会社は公証役場で定款認証を受けなければならないという決まりがあります。

定款を作成するのは発起人で、定款に定めることは、会社の商号、会社の事業の内容、本店所在地、役員の数などです。具体的に定款に記載される内容については、法律で定められており「**絶対的記載事項**」、「**相対的記載事項**」、「**任意的記載事項**」の3つがあります。

定款には3つの情報が必要

前項で出てきた絶対的記載事項、相対的記載事項、任意的記載事項の3つについて詳しく説明します。

絶対的記載事項は、定款に必ず記載しなければならない事項のことで、①目的 ②商号 ③本店の所在地 ④出資される財産の内容 ⑤発起人の情報 の5つがあります。この5つの他に絶対的記載事項には含まれていませんが、発行可能株式総数は、登記までに決めなければならない事項なので、通常は定款を作成する時に決めてしまいます。絶対的記載事項を記載する時には、要素的な漏れがないことと、記載する内容が法律に違反していないかどうかを十分注意してください。

相対的記載事項は、決めなくてもよいですが、決めたら定款に記載しないと有効にならない事項のことです。例えば取締役会の設置に関することや役員の任期、後から説明する現物出資に関することは相対的記載事項です。

次に任意的記載事項は、決めても定款に記載する必要のない事項ですが、記載したほうが、ルールが明確になるので記載するほうがよいことです。最後に任意的記載事項は、事業年度や役員の氏名や住所などがあります。

定款に必要な記載事項

絶対的記載事項

①目的　②商号　③本店の所在地
④出資される財産の内容　⑤発起人の情報
※発効可能株式総数
（絶対的記載事項に含まれていませんが、登記までに決めなければならない事項なので、定款を作成する時に決めます）

相対的記載事項

①現物出資　②告知の方法　③取締役会の設置
④株式の譲渡制限　など

任意的記載事項

①取締役の人数　②事業年度
③株主総会の召集時期　など

POINT!

絶対的記載事項は必須です。株式会社の場合、上の5つの項目が記載されないと、定款認証ができません。

SECTION 06

定款の絶対記載事項のポイント（1）

絶対記載事項について①

定款の記載事項を決める時のポイント

定款における**絶対記載事項の内容は、絶対に書かれていなければならない事項**で、万が一定められた事項が書かれていないと、定款として認めてもらえません。

目的

会社は定款の目的に定めた事業しか行うことができません。会社の目的の書き方については、2章「事業目的を決める」（P86）を参照にしてください。目的となる事業は、複数記載しても構いませんが、複数存在する場合は優先的に行うものから順に番号をつけておくとよいです。また、事業に附帯関連することがある場合は、「その他、上記に関連する業務」と記載しておきましょう。

商号

商号の決め方については2章「会社の名前（商号）について知ろう」で説明しましたが、商号を決めたあとは、きちんと商号の調査を行うことも怠らないでください。

商号の調査については、会員登録が必要な登記情報検索サービスを利用する方法がありますが、国税庁の法人番号公表サイトに自分たちがつけたい商号を入力し、該当する会社がないかを確認する方法もあります。なお、この方法であれば、会員登録などは不要です。

本店所在地

本店所在地は、会社の本店のある場所のことでした（P84）。ただ、本店所在地を定款に記載する際には、住所を最後まで書かないほうがよいこともあります。というのも、本店の移転には定款の変更手続きが必要になり、手間だけでなく変更のための登録費用もかかります。

出資される財産の内容

出資される財産の内容というのは、会社を設立する際の資本金に相当するものです。ですから、すでに発起人会で決定した資本金の金額を記載しておきましょう。

株式会社の定款例

株式会社夏目草定款

第1章　総　則

（商号）
第1条　当会社は、株式会社夏目草と称する。
（目的）
第2条　当会社は、次の事業を行うことを目的とする。
1　食品の小の製造及び販売
2　加工食品の輸入及び販売
3　前各号に附帯又は関連する一切の事業
（本店所在地）
第3条　当会社は、本店を東京都港区に置く。
（公告方法）
第4条　当会社の公告は、官報に掲載する方法により行う。

第2章　株　式

（発行可能株式総数）
第5条　当会社の発行可能株式総数は、100株とする。

設立時に発行する株式の数を書く

（株券の不発行）
第6条　当会社は、その株式に係る株券を発行しない。
（株式の譲渡制限）
第7条　当会社の発行する株式の譲渡による取得については、取締役の承認を受けなければならない。ただし、当会社の株主に譲渡する場合には、承認をしたものとみなす。
（基準日）
第8条　当会社は、毎事業年度末日の最終の株主名簿に記載又は記録された議決権を有する株主をもって、その事業年度に関する定時株主総会において権利を行使することができる株主とする。
2　前項のほか、必要があるときは、取締役は、あらかじめ公告して、臨時に基準日を定めることができる。
（株主の氏名等の届出）
第9条　当会社の株主及び登録株式質権者又はそれらの法定代理人は、当会社所定の書式により、氏名、住所及び印鑑を当会社に届け出なければならない。
2　前項の届出事項を変更したときも、同様とする。

第3章　株主総会

（法令の準拠）
第28条　この定款に規定のない事項は、全て会社法その他の法令に従う。

以上、株式会社夏目草設立のため、この定款を作成し、発起人が次に記名押印する。

令和○年○○月○○日

発起人が複数いる時は、同じように複数行で記載する

発起人　　夏目　太郎　　印

実印を使用する

SECTION 07

定款の絶対記載事項のポイント(2)

絶対記載事項について②

決めることができますが、多くの会社が1株1万円と設定しています。これは計算のしやすさが大きな理由です。発行株式数は、資本金の金額から1株あたりの金額を割った数になります。

ちなみに資本金の決め方はP96でも説明しましたが、もしも発起人からの出資がたくさんあり資本金がたくさん集まってしまった場合は、資本金のすべてに対して株式を発行せず、一部の資本金を資本準備金としておくこともできます。資本準備金は、集まった資本金の総額の2分の1以内と決まっています。資本金の金額によっては、消費税の課税対象になったり（P164）、登録免許税の金額が多くなったりするので、覚えておくとよいです。

発起人の情報

発起人とは、すでに説明した通り会社の設立を企画する人のことです。会社の役員と発起人が同じ人になることもありますが、異なる場合もあります。

ただ、この時点で定款に記載するのは発起人の氏名と住所それから出資する金額と発行株式の数になります。

また、発起人情報のところにはそれぞれの発起人の実印を押印する必要がありますから、もしも実印を持っていない場合は、定款作成までに実印を作成し印鑑登録を済ませておいてください。

発行可能株式総数

発行可能株式総数というのは、会社設立時に発行する株式の数のことです。

ここでは、1株あたりの金額と発行する株式数を記載してください。

基本的に1株あたりの金額はそれぞれの会社で自由に

定款作成のポイント！

「本店所在地」の注意点

定款に記載した事項に変更がある場合は、定款を変更しないといけません！
本店所在地は「最小行政区画」までの記載がおすすめです。

※最小行政区画とは……？

❶東京都のように特別区のある区域
例）東京都江戸川区
❷市区町村
例）愛知県豊田市
横浜市（政令指定都市または都道府県と同一の市の場合）
愛知県知多郡武豊町

発行可能株式とは？

資本金300万円の場合

300万円 ÷ 1株あたりの金額 ＝ 発行可能株式総数

POINT!

本店所在地は、市内の町名や番地、ビル名まで定款に書いてしまうと、同一市町村で移転するたびに変更手続きが発生してしまいます。

SECTION 08

見やすい定款を作ろう

定款は複数部用意しておく

定款には表紙と裏表紙も作ります。表紙には「会社名定款」と書いてください。

株式会社で定款認証を受ける際、**用意する定款の部数は、公証人保管用、会社保管用、登記申請用と3部必要**です。ちなみに合同会社の場合は、会社保管用と登記申請用の2部あれば十分です。

作成はパソコンで作る

定款は、特に決められた型はありません。ですから、それぞれに自由に作成しても構いませんが、きちんと章立てをして、第1章総則、第1条「商号」…第2条「目的」…第3条「本店の所在地」と書き進めていくのが一般的です。株式会社の定款作成例であれば、日本公証人連合会のホームページにも掲載されていますから、参考にしてみてください。

さて、定款を作成する上で、項目の記載方法の注意点があるのでいくつか紹介します。まず「本店所在地」は、住所を最後まで書くのではなく、最小行政区画までを記載します。例えば「東京都港区に置く」、「兵庫県神戸市に置く」と記載します。また、定款作成はパソコンで作成するのが一般的で、用紙はA4サイズで横書きにし、印刷は片面印刷にしてください。

定款を製本する

定款を印刷したら、定款の末尾に発起人（社員）全員の記名押印をします。押印には個人の実印を使ってください。記名押印を終えた定款の綴じ方は2通りあり、ホッチキス等で留める方法と製本テープで製本する方法です。ホッチキスで留める場合は、すべてのページの継ぎ目に発起人（社員）の個人の実印を押印します。製本テープで綴じた場合は、製本テープと表紙（裏表紙も）の継ぎ目にまたがるように押印（契印）します。

定款の製本方法

●ホチキスで留める場合

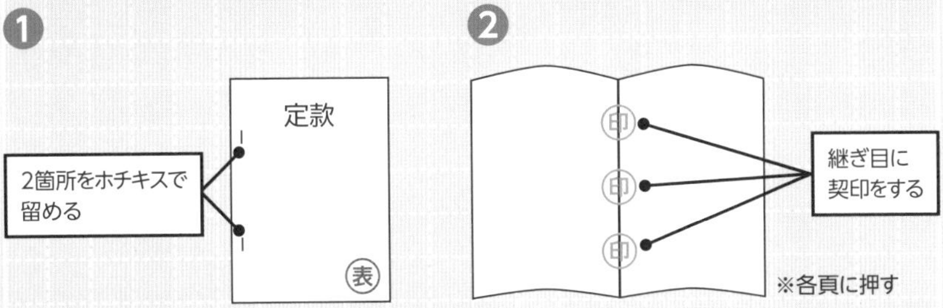

●袋とじにする場合（製本テープを利用する例）

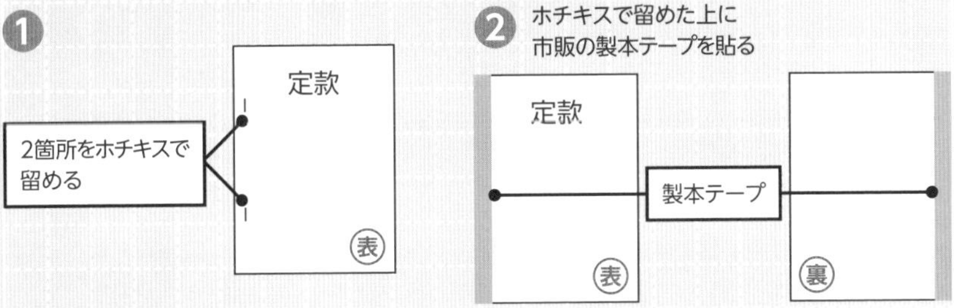

定款は、株式会社であれば3部用意します。合同会社は定款認証がないので2部でOKです。

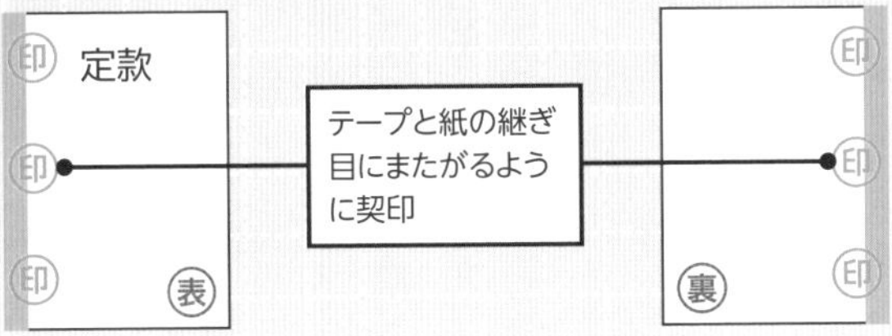

SECTION 09

電子定款の作り方

設立費用が節約できる電子定款もおすすめ

紙の定款と電子定款は何が違う？

電子定款は、電子データで作成される定款のことです。定款は紙に印刷して申請することが多いですが、電子定款で申請することもできます。作成した定款はＰＤＦデータにし、公証役場に送信することで認証を受けることができます。**電子定款で認証を受けると印紙税がかからない**ので、設立費用を節約できます。

定款を電子化しよう

電子定款は、作成するために必要なものがあります。電子定款の作成に必要なものは4つあり、「電子証明書付きのマイナンバーカード」「電子署名ソフト」「ＩＣカードリーダライタ」「電子署名プラグインソフト」「申請用総合ソフト」が必要です。

電子定款を作成する際は、まず紙の定款と同様の作り方で作成します。定款を作成したら、公証役場で定款の確認を受け、ＰＤＦ変換ソフトで電子化します。

その後はＰＤＦ化した定款に電子署名をしなくてはなりませんから、マイナンバーカードをリーダライタに通し、電子証明書を読み込みます。その後は、電子署名プラグインソフトを使用して電子定款のＰＤＦデータに電子証明書を挿入して完了です。

電子定款で申請する手順

電子定款が完成したら、公証役場に認証してもらうための手続きが必要です。電子定款の認証の流れは、①「登記・供託オンライン申請システム」で申請者登録を済ませる。②登録が済んだら、「申請用総合ソフト」をダウンロード・インストールして申請する環境を整える。③インストールした「申請用総合ソフト」を使い、所轄の公証役場宛に電子定款を送信して完了です。

電子定款認証の申請手順

1 文書作成ソフトを使って定款を作成する

定款のフォーマットに特に決まりはありません

2 Adobe Acrobatを使ってPDFに変換する

Adobe社のものでなくても、PDFに変換できればよい

3 電子署名する

4 登記・供託オンライン申請システムに登録する

法務省のサイトにアクセスし、登録・ログインする

5 ソフトウェアをダウンロードし、環境を整える

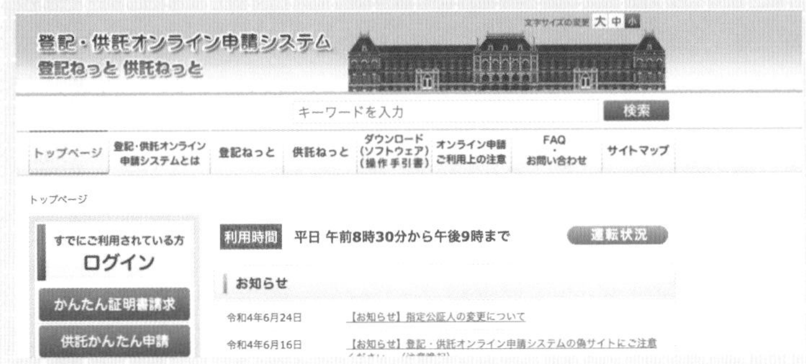

6 ソフトを使って公証役場宛に送信する

送信後に公証役場へ行き、電子署名した電子定款のデータを交付してもらう

POINT!

電子定款は印紙代の節約と時間の節約になりますが、PCやインターネット環境、カードリーダライタなどの機器が必要です。

作った定款の認証をしてもらおう

公証役場へは発起人全員でいくのが原則

公証役場は全国にありますが、どこへ行ってもよいわけではありません。**会社の本店所在地がある都道府県内の公証役場**でなければ認証を受けることができません。公証役場の場所は、日本公証人連合会のサイトの「公証役場一覧」から確認できます。

公証役場が決まったら日時を予約し、当日は発起人全員で行くのが原則です。

ただし、せっかく行っても定款認証の当日に定款に不備があれば、日をあらためて出直さなければならないこともあります。ですから事前にＦａｘかメールで全文を送り、内容をチェックしてもらいましょう。その時に一緒に「印鑑証明」と「実質的支配者となるべき者の申告書」も送ります。認証の当日に行くことが出来ない発起人がいる場合は「委任状」も送ります。

当日は何を持っていく？

いよいよ、公証役場へ認証を受けに行きましょう。当日持参するものは、①定款3通 ②発起人全員の発行後3か月以内の印鑑証明書各1通 ③実質的支配者についての申告書 ④発起人の実印 ⑤認証にかかる費用 約9２０００円 ⑥委任状の6つです。

②の印鑑証明書については、役員を兼ねている人は登記用にもう1通用意しておきましょう。なお、公証役場によっては、運転免許証などの身分証の提示を求められる場合がありますので事前に確認してください。③の実質的支配者についての申告書は、会社を実質的に支配する者の暴力団員やテロリストの会社を利用した不正な行為（マネーロンダリングやテロ資金供与など）を抑止するために、あらかじめ会社の実質的支配者が暴力団等に該当しないかを審査するため申告します。

公証人役場へ行く

❶公証役場を決める

▼

❷公証役場に日時を予約する

▼

❸Faxやメールで事前チェックを依頼する

▼

❹印鑑証明書、実質的支配者となるべき者の申請書などを送る

▼

❺公証役場で認証を受ける

定款認証に必要なもの

①定款　3部
②発起人全員の発効後3ヶ月以内の印鑑証明書※ 各1通
③実質的支配者についての申告書
④発起人の実印　⑤認証にかかる費用　約92,000円
⑥委任状となります
△運転免許証

※の印鑑証明書は役員を兼ねている人は、登記用にもう1通用意しておきましょう。公証役場によっては、運転免許証などの身分証の提示を求められる場合がありますので事前に確認しておきましょう。

POINT!

実質的支配者とは、法人の事業経営を実質的に支配することが可能な個人や法人のことです。また、定款認証時に公証人役場へ行く際は、発起人全員で行くのが原則です。

SECTION 11

認証が終わったら資本金を払い込む

定款認証後に入金しないといけない

定款の認証が終わったら、次は資本金の払い込みをします。発起人が1人の場合は、**発起人自身の個人口座に定款で決めた資本金額を入金**します。例えば資本金が100万円としたら、残高が100万円以上あるからいいのではなく、出資したことわかるように、100万円を一旦引出し、改めて入金します。入金日は会社にルールが認証され定款が出来上がった日、つまり定款認証の日以後に入金してください。

会社が設立されたら、**会社の名義で口座を開き、資本金はそちらに移します**ので、発起人の口座を新たに開く必要まではないでしょう。発起人が複数の場合は、引き受ける予定の出資額を発起人代表者の口座に各人が振り込みます。それぞれの氏名と出資額が通帳に印字されるように振り込んでもらった方がわかりやすいです。

払い込みが済んだら払込証明書を作成しよう

正しい額の資本金が振り込まれたことが確認できたら「**払込があったことを証する書面**」を作成します。これは、資本金の払込がされた発起人代表者の通帳のコピーと一緒にホッチキスで綴じます。通帳のコピーは、通帳の表紙、通帳の裏表紙、資本金が入金された記録が印字されているページの3ページをコピーします。用紙はA4用紙を縦にして印刷してください。綴じ方は、定款の綴じ方と同じで、ホッチキス留めで各ページに契印をするか、製本テープで綴じて、製本テープと表紙と裏表紙の継ぎ目に契印をするかのどちらかの方法にします。

ここで作成した資本金の払込証明書は、法務局で会社の設立登記を申請する際に必要になります。

資本金の払い込み

●通帳のコピーをとるページ

●表紙

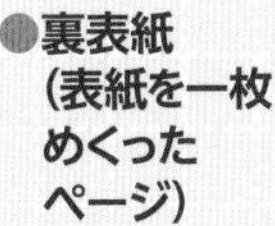

●裏表紙（表紙を一枚めくったページ）

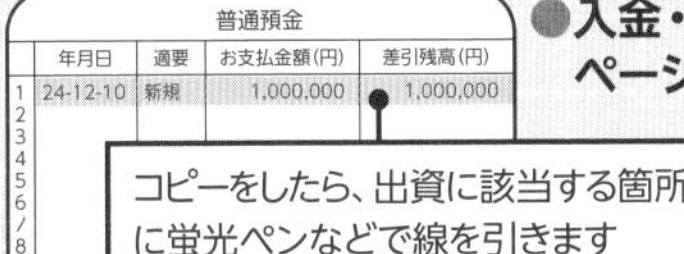

●入金・振込のページ

コピーをしたら、出資に該当する箇所に蛍光ペンなどで線を引きます

払 込 証 明 書

当会社の設立時発行株式については以下のとおり、全額の払込みがあったことを証明します。

設立時発行株式数 100株

払込身を受けた金額 金100万円

令和○年○月○日

東京都港区○町○丁目○
株式会社夏目草

設立時代表取締役 夏目 太郎 代表者の印

代表者の印

修正があることを考え捨印を押印します。

●払込証明書のとじ方

❶1枚目を証明書、2枚目を通帳の表紙、3枚目を通帳の裏表紙、4枚目を入金・振込のページの順番にして左側上下2箇所をホチキスで留める。

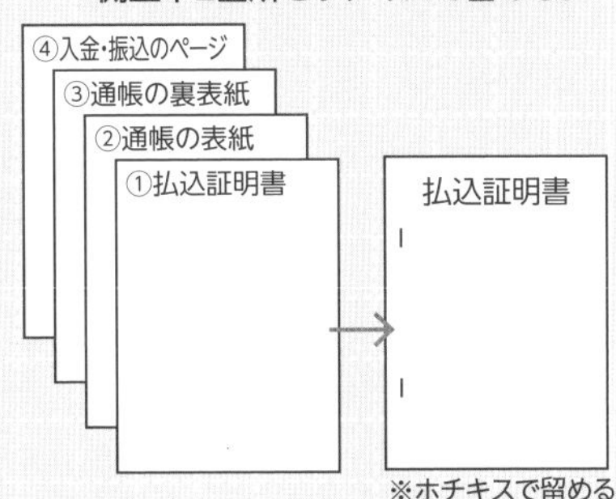

❷各ページに契印（割印）をする（または袋とじにして、継ぎ目に契印）。

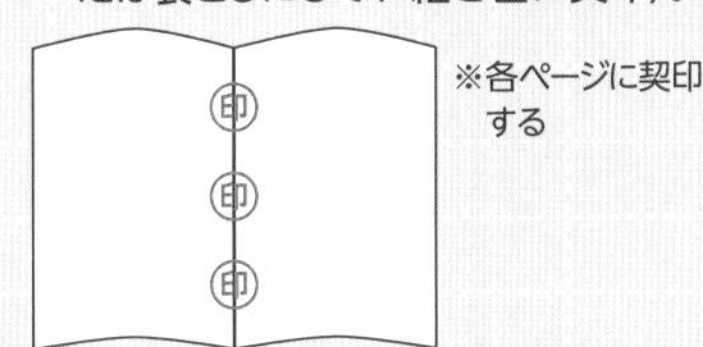

<製本テープを使って袋とじにした場合>

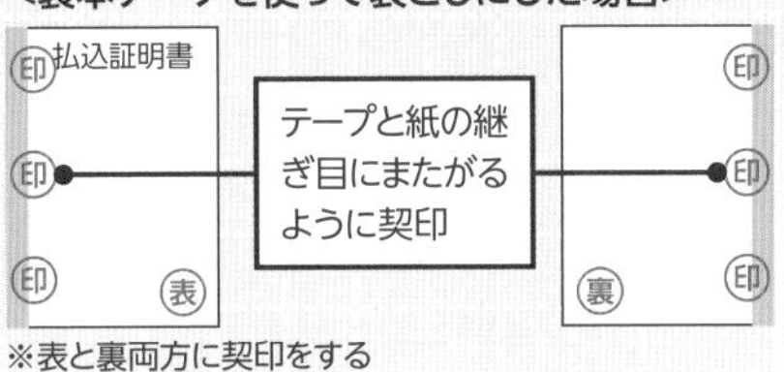

POINT!

このときはまだ会社名義の口座が存在しないので、個人名義の口座を使います。

SECTION 12

現物出資がある場合

会社への出資はお金だけとは限らない

物で出資する「現物出資」

会社を設立する際、発起人は会社に対して出資しますが、お金を出資するだけではありません。実はお金以外にも物で出資することもできます。例えば不動産や有価証券、パソコン、車、ホームページなどを出資することもできるのです。これを「**現物出資**」と言います。個人事業主時代から使っていた備品などを、会社設立後もそのまま継続して使用したいというときは、この現物出資を行うことで、継続して使用することができます。

現物出資の場合は、現物の財産を出資するのですが、金銭のように明確にその価値がわかるものばかりではありません。そのため、現物出資を行う場合は、いくらくらい価値のある物をどのくらい出資するのかについて明確にしておく必要があります。

現物出資の価値を調査しよう

現物出資をする場合は、まず定款にその内容を記載する必要があります。現物出資するものを定款に定めたら、次に必要なのは書類作成です。このときに作成する書類は、「**調査報告書**」「**財産引継書**」「**資本金の額の形状に関する証明書**」の3つです。

定款で現物出資した物とその価格について記載したら、取締役はそれらの調査を行い、現物出資の調査報告書を作成します。その後、登記申請では登記に必要な申請書類に加え、調査報告書と財産引継書、資本金の額の形状に関する証明書を添付します。

ちなみに、現物出資したものについては、必要に応じて会社名義への変更が必要になることがあります。例えば車やホームページ等の契約に関する名義が当てはまります。

現物出資と現金出資の違い

	メリット	デメリット
現物出資	お金がなくても出資できる	手続きが面倒
現金出資	さまざまな用途に使える	お金がないと出資できない

<現物出資がある場合に作成する書類>

調査報告書
取締役または監査役になる人は、現物出資を受けたものについて調査し、報告します。

＋

財産引継書
この書類には、現物出資を受けたものの固有名や型番、出資を受けた時の時価を書きます。

＋

資本金の額の形状に関する証明書
出資されたものが金銭のみであれば提出は不要です。

※現物出資は、原則として本店所在地の裁判所に調査のための検査役の選任を申し立てないといけません。

POINT!

現物出資見積額が500万円以下の場合は、検査役の検査が必要です。検査役費用は100万円近くかかるので、注意しましょう。

SECTION 13

登記書類の準備をしよう

登記に必要な書類を確認しよう

登記に必要な書類

①登記申請書とは、会社を設立するということを法務局に申請するための書類です。記載内容は、会社名(商号)本店所在地、登記の事由、登記すべき事項、課税標準金額（資本金額)、免許税、添付書類などです。本店所在地の記載には、「1-1-1」のようなハイフンは使えないので「1丁目1番1号」のように記載します。

②登録免許税納付用台紙とは、登録免許税分の収入印紙を貼り付ける用紙のことです。登録免許税は資本金の額によって算出されます。P106でも説明しましたが、株式会社の場合も合同会社の場合も資本金額の1000分の7が登録免許税となります。ただし、その金額が一定の金額以下だった場合は、決められた金額を登録免許税とします。

③認証が終わった定款を用意しましょう（P122）。

④「登記すべき事項」を記載した書面は、パソコンで作成します。作成手順や記載方法は法務省のホームページでも確認できます。

⑤CD-Rは④の内容を記録したメディアになります。

⑥発起人の決定書は、定款で本店所在地を詳細まで記載していない場合などに必要になります。合同会社の場合は「本店所在地及び資本金を決定したことを証する書面」といい、資本金をいくらに決定したかも記載します。

⑦就任承諾書は取締役（社員）に就任することを承諾したということを証明する書類です。

⑧印鑑証明書は、発行後3か月以内のものが必要です。

⑨作成した資本金の払込みがあったことを証する書面の綴りのことです。

⑩印鑑届出書は、法人実印の届け出をするために必要な書類です。

登記書類の準備

❶登記に必要な書類を作成する

▼

❷書類に押印して書類を整える

▼

❸法務局へ申請する　会社設立日

▼

❹登記完了

登記に必要な書類一覧

用意する書類名	株式会社	合同会社	必要な印鑑
登記申請書	○	○	会社の代表印
登録免許税納付用台紙	○	○	−
定款	○	○	個人の実印
登記すべき事項	○	○	−
CD-R	○	○	−
発起人の決定書	○		個人の実印
就任承諾書	○	○	個人の実印
印鑑証明書	○	○	−
資本金の払込みがあったことを証する書面	○	○	会社の代表印
印鑑届出書	○	○	会社の代表印、 個人の実印

POINT!

書類の不足・不備があるとやり直しに期間がかかってしまうので注意しましょう。

SECTION 14

法務局へ行こう

書類ができたら法務局で登記しよう

管轄の法務局を調べておく

登記は、**会社の本店所在を管轄する法務局で申請**します。法務局のサイトで管轄、場所、電話番号が調べられますので、間違えないようにしてください。

提出する際は、左のページの図にあるように「印鑑届出書」以外の書類を、登記申請書……登録免許税納付用台紙の順にホッチキスでとめてください。印鑑届出書はクリップで最後に留めます。提出後に補正がある場合がありますので、後から対応しやすいように、提出する前の書類はコピーをとっておきましょう。

提出方法は2通りある

書類をチェックしたら、いよいよ登記申請をします。申請方法は、「直接提出」と「郵送」の2通りあります。

直接提出する場合は、会社設立日に管轄の法務局へ出向き、「商業登記」と記載された窓口に提出します。郵送で登記の申請をする手順は、次の通りです。

- **封筒かレターパックなどを用意する（申請書と添付書類が入ればなんでも良いが、一般的には角2（332㎜×240㎜）封筒かレターパックなどを用意する）**
- **宛先は管轄法務局の住所を記入する（申請書類の郵送先は、直接持参する場合と同様、本社の所在地を管轄する法務局です）**
- **封筒の表に「登記申請書在中」と記入する（申請書類を郵送する場合は、「登記申請書在中」と明記しなければならないことになっています。郵送の場合、申請日は申請書類が法務局に到着した日（営業日）になります）**
- **提出書類に不備があったときには、法務局から連絡があります。そのときは、指摘されたところを訂正して、指定された期限内に再提出しましょう。**

書類の綴じかたのルール

登記書類の並べ方

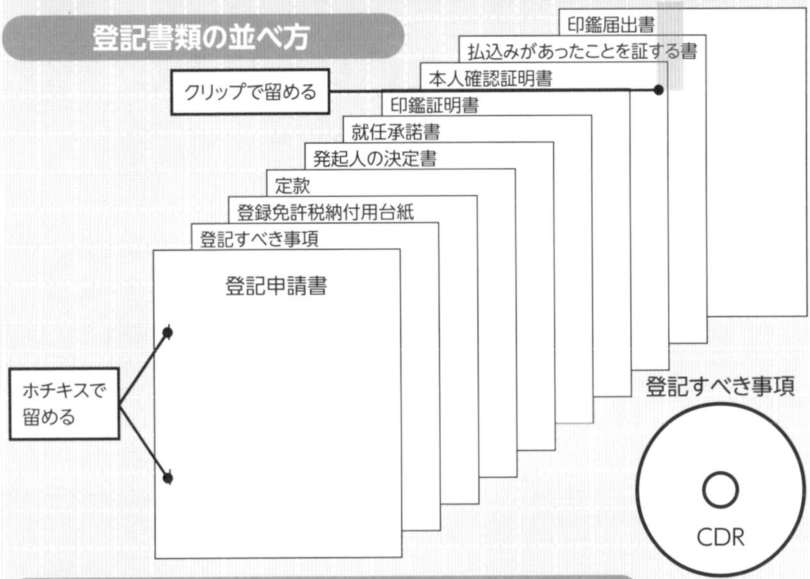

印鑑届出書
払込みがあったことを証する書
本人確認証明書
印鑑証明書
就任承諾書
発起人の決定書
定款
登録免許税納付用台紙
登記すべき事項
登記申請書

クリップで留める

ホチキスで留める

登記すべき事項
CDR

登記書類を綴じるときの注意

●印鑑届出書以外の書類を上図の順で並べホチキスで留める

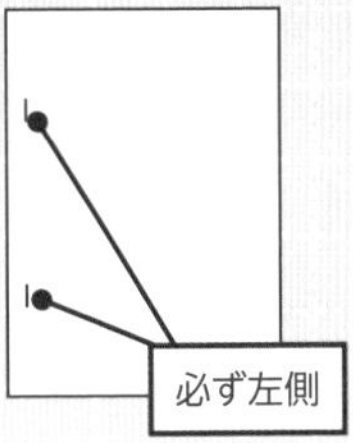

必ず左側

●2箇所に契印をする

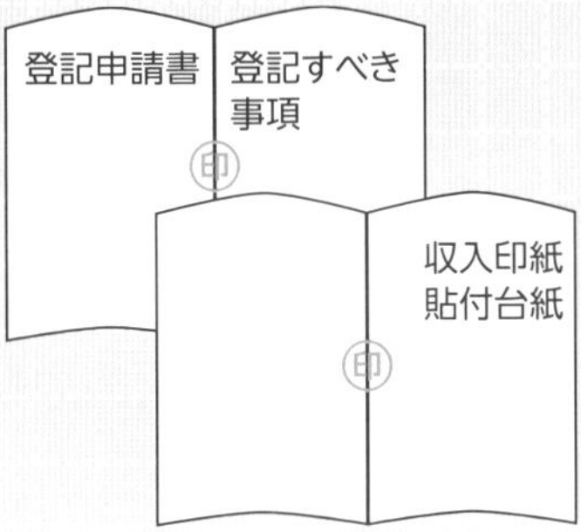

登記申請書
登記すべき事項
印
収入印紙貼付台紙
印

●印鑑届出書をクリップで留める

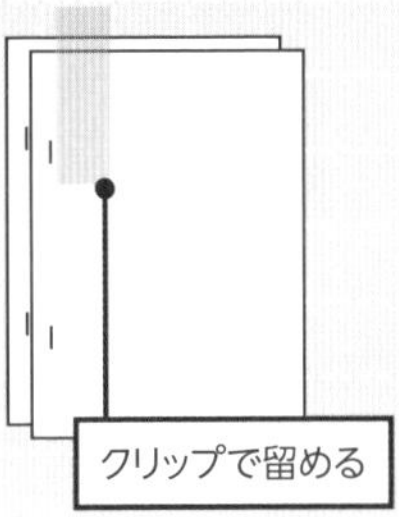

クリップで留める

綴じ方は、順番が決まっています。印鑑届出書はクリップで留めます。

COLUMN

知っておきたいいろいろな押印のしかた

最近、TVやニュース等で「脱はんこ文化」と言われますが、実際まだまだハンコを押すシーンは多いです。押印の仕方にはいろいろあるため、よく使われるものを覚えておきましょう。

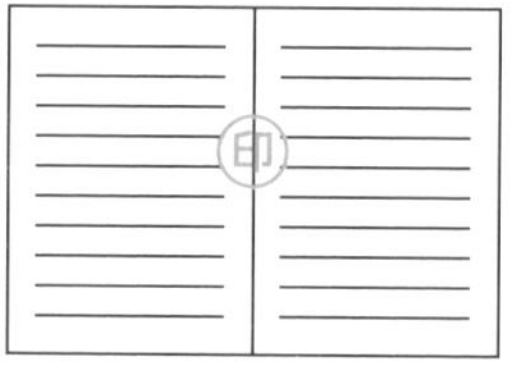

契印（けいいん）
文章が2枚以上ある場合や別紙がある場合にそれらの書類が一体のものであることを示す時に使われる押し方です。

割印（わりいん）
原本と写しがある書類など、2部以上書類を作成した場合に、それぞれが同じまたは関連性がある書類であることを示すために使われる押し方です。

訂正印（ていせいいん）
文字などを訂正する際に押すもので、誤った箇所に線を引きその上に押印します。

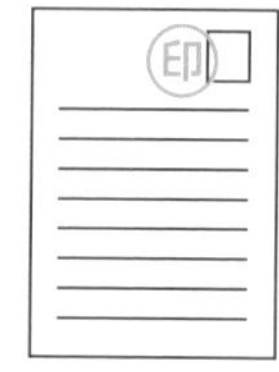

捨印（すていん）
後で文書を訂正する必要が生じた場合に備えて押すもので、書類の空白場所にあらかじめ押します。捨印をした場合は、その書類のコピーをとっておきましょう。

止め印（とめいん）
契約書などに余白が生じた際、続けて文字を書き込まれないようにするために押します。

消印（けしいん）
契約書などに収入印紙を貼る場合、印紙の再使用を防ぐために印紙と書類をまたぐように押します。

会社設立後にすること

俺たちが法務局で登記を済ませて間もなく
なんだぁ？
その旗はぁ～？
法人化
頭にツノ……
街の鬼!?
この辺で法人だというなら
ぜひお取引を願おうか
名刺を
すっ
私どもはこの近くに本店を持つ行商人でございます
鬼が名刺？
鬼が会社を経営？
鬼が法人!?

向こうは名刺を……
出さないか
ワンワン
鬼を見て騒ぎ出したイヌとサルをキジが抑える
彼らがやってる商売は法律すれすれの転売ヤーだキジ
関わる必要はないキジ
キキ!キキ!
ワンワン
む……お前は俺たちが潰した店の会計士!
よく覚えているぞキジだから
そうか無事にサーカス団へ再就職……ぷっおめでとう!
ぷぷっ
ぷぷっ
げらげら
げら
これが街の鬼か

でぇぇえぇ――い!!
おぬしキジ殿をなじったな
社会に害なす鬼は桃太郎が退治する！
うおっ危ねっ
待て！俺たちはれっきとした法人だ……
黙れ！イヌとサルも迷惑していたと聞くぞ
落ち着け！個人事業主を尻目に儲かっているのは確かだが
それは社会的信用があるからで！
登記証明書
社会的信用
登記証明書
なんだろう……？
登記証明書

その様子だとあなた方
法人化にあたって廃業届を出すことすら知らないのでは？
え
→みんな個人事業主
法人化したばかりで廃業？しませんよっ
しないしない
ウキキ！
わいわい
ふーっ
交換する名刺も用意せず！信用できない法人なのはお前らだ!!
何やら分が悪い
登記後もまだやることは残っていますキジ
ばさっ
コラ謝れ
謝れ〜!!
4章を読んで必要な届出をしましょう

SECTION 01

登記後に必要な書類

会社設立を知らせる書類を提出しよう

登記事項証明書は何を証明する？

会社の設立登記が終わったからといって、それで終了ではありません。これから会社が正式に事業活動を始めていくには、会社がきちんとした手続きを経て存在していることを証明する必要があります。

ここで会社の存在を証明してくれるものが、「登記事項証明書」です。登記事項証明書は、会社の登記情報の一部または全部の内容を証明する書類のことです。登記事項証明書には「現在事項証明書」「履歴事項証明書」「閉鎖事項証明書」「代表者事項証明書」という4つの種類がありますから、それぞれその時の目的にあったものを申請することになります。

「現在事項証明書」とは、現在効力を持つ事項が記載されます。

「履歴事項証明書」とは、現在事項証明書の内容に加え、抹消履歴が記載されます。

「閉鎖事項証明書」とは、解散するなど、登記記録が閉鎖された会社の事項が記載されます。

「代表者事項証明書」とは、代表者の代表権に関する事項が記載されます。

印鑑証明書と印鑑カードも忘れず取得する

登録事項証明書の他にも、取得しておきたい書類があります。それが「印鑑証明書」と「印鑑カード」です。個人の実印の印鑑証明書は定款を作成する際に取得してあるかと思いますが、会社が設立された後にその印鑑が会社の代表者の印鑑であることを証明する必要があるのです。印鑑カードは、印鑑証明書を取得する際に必要になるカードです。いずれも会社設立後に何度も必要になる書類となりますから、できるだけ早めに取得しておきましょう。

会社設立後に必要な届出一覧

書類名	提出先	提出義務	提出期限	内容／添付書類
• 法人設立届出書	税務署	○	設立から2ヶ月以内	添付書類：定款のコピー、履歴事項全部証明書、株主名簿、設立時の賃借対照表
• 青色申告の承認申請書 • 給与支払事務所等の開設届出書	税務署	○	設立から3ヶ月以内 設立から1ヶ月以内	青色申告の優遇を受けるために申請書 従業員を雇用し給与を支払う場合に報告
• 源泉所得税の納期の特例の承認に関する申請書	税務署	任意	給与支払事務所等の開設届出書と一緒に	源泉徴収税を半年に1回まとめて納付することを承認してもらうための申請
• 法人設立届出書	都道府県	○	設立から2ヶ月以内	添付書類：定款のコピー、履歴事項全部証明書、株主名簿、設立時の賃借対照表
• 法人設立届出書	市町村	○	設立から2ヶ月以内	添付書類：定款のコピー、履歴事項全部証明書、株主名簿、設立時の賃借対照表
• 新規適用届 • 新規適用事業所現況書 • 被保険者資格取得届 • 健康保険被扶養者（異動）届 • 国民年金第3号被保険者の届出	年金事務所	○	設立後、5日以内	添付書類：会社の登記簿謄本、保険料の口座振替依頼書、事務所の賃貸借契約書の写し、出勤簿、労働者名簿、賃金台帳、源泉所得税の領収書など

書類名	提出先	提出義務	提出期限	備考・留意点
• 雇用保険適用事業所設置届	公共職業安定所（ハローワーク）	○	従業員の雇用を開始した日の翌日から10日以内	添付書類：会社の登記簿謄本、労働者名簿、賃金台帳、出勤簿、労働保険関係成立届の控え
• 雇用保険被保険者資格取得届	公共職業安定所（ハローワーク）	○	従業員を雇用した日が属する月の翌月の10日まで	
• 保険関係成立届	労働基準監督署	○	従業員の雇用を開始した日の翌日から10日以内	添付書類：会社の登記簿謄本、労働者名簿、賃金台帳、出勤簿
• 労働保険概算保険料申告書	都道府県労働局	○	保険関係が成立した後50日以内	

POINT!

それぞれの書類に提出期限があるので注意！　提出の際には登記事項証明書や印鑑カードも必要なので予め複数発行しておきましょう。

SECTION 02

関係各所への提出

税務署へ設立したことを知らせる

提出期限に注意しよう

まず、税務署へ提出書類です。**税務署へ提出する書類は、「法人設立届出書」「青色申告の承認申請書」「給与支払事務所等の開設届」の3種類**です。中でも提出が必須になるのは、会社を設立したことを知らせるための法人設立届出書と給与支払事務所になったことを知らせるための給与支払事務所等の開設届出書の2つです。

法人設立届出書は、会社が新たにできたことを税務署や自治体に知らせるために必要です。提出期限は設立後15日～2ヵ月以内となっています。

次に青色申告の承認申請書です。青色申告は、ルールにしたがって会社のお金のやりくりを記帳する代わりに、税制優遇を受けられるという申告方法です。少しでも税金の負担を少なくするためにも、こちらはぜひ提出してください。青色申告の承認申請書の提出期限は、会社設立日から3ヵ月以内です。

次に給与支払事務所等の開設届です。この届出は、給与を支払う会社が新たにできたことを知らせるための届出になります。会社は、社長1人でも給与の支払いがあります。給与を支払う際には、源泉所得税を給与から差し引き、差し引いた分は個人の代わりに会社が納税するしくみになっています。ですから、源泉徴収の納付があることを税務署に知らせるための手続きと考えてもよいでしょう。これはほぼすべての会社が必要となります。ちなみに提出期限は、給与支払い事務所の開設から1ヵ月以内です。先ほどの青色申告の承認申請書と比べると提出期限がかなり早いため、注意してください。

ここで紹介した3つの書類を提出する税務署は本店所在地を管轄する税務署となりますので、調べてから行きましょう。

法人設立届出書の見本

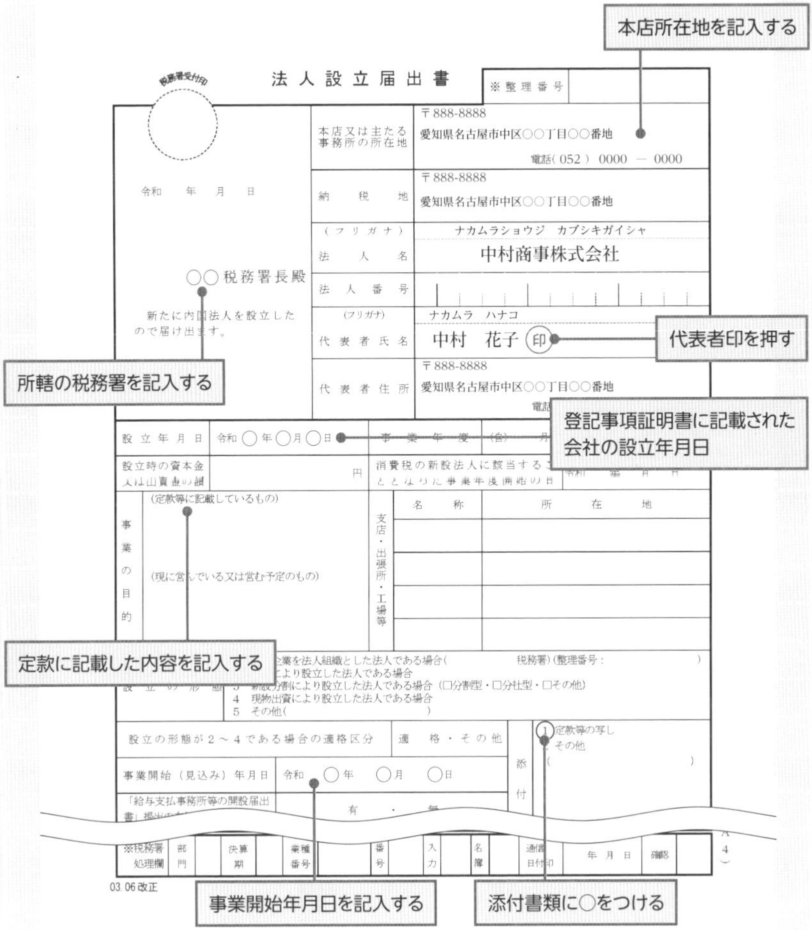

本店所在地を記入する

税務署受付印

法 人 設 立 届 出 書

※整理番号

令和　年　月　日	本店又は主たる事務所の所在地	〒888-8888 愛知県名古屋市中区○○丁目○○番地 電話（052）0000 ― 0000
	納税地	〒888-8888 愛知県名古屋市中区○○丁目○○番地
	（フリガナ）	ナカムラショウジ　カブシキガイシャ
	法人名	中村商事株式会社
○○税務署長殿	法人番号	
新たに内国法人を設立したので届け出ます。	（フリガナ）	ナカムラ　ハナコ
	代表者氏名	中村　花子　㊞
	代表者住所	〒888-8888 愛知県名古屋市中区○○丁目○○番地 電話

代表者印を押す

所轄の税務署を記入する

設立年月日	令和 ○年○月○日	事業年度	（自）　月
設立時の資本金又は出資金の額	円	消費税の新設法人に該当することとなった事業年度開始の日	令和　年　月　日

登記事項証明書に記載された会社の設立年月日

事業の目的	（定款等に記載しているもの） （現に営んでいる又は営む予定のもの）	支店・出張所・工場等	名称 / 所在地

定款に記載した内容を記入する

設立の形態
1 個人企業を法人組織とした法人である場合（　税務署）（整理番号：　）
2 合併により設立した法人である場合
3 新設分割により設立した法人である場合（□分割型・□分社型・□その他）
4 現物出資により設立した法人である場合
5 その他（　）

設立の形態が2～4である場合の適格区分	適格・その他	添付	①定款等の写し 2 その他 （　）
事業開始（見込み）年月日	令和 ○年 ○月 ○日		
「給与支払事務所等の開設届出書」提出の有無	有・無		

※税務署処理欄	部門	決算期	業種番号	番号	入力	名簿	通信日付印	年月日	確認

03.06改正

（A4）

事業開始年月日を記入する

添付書類に○をつける

届出忘れを防ぐためにも税務署への届出は一気に済ませておきましょう

青色申告の承認申請書の見本

本店所在地を記入する

代表者印を押す

所轄の税務署を記入する

この箇所にレ点チェック

税務署受付印

青色申告の承認申請書

※整理番号

令和　年　月　日

○○税務署長殿

項目	内容
納税地	〒888-8888 愛知県名古屋市中区○○丁目○○番地 電話（052）0000 − 0000
（フリガナ）	ナカムラショウジ　カブシキガイシャ
法人名等	中村商事株式会社
法人番号	
（フリガナ）	ナカムラ　ハナコ
代表者氏名	中村　花子 ㊞
代表者住所	〒888-8888 愛知県名古屋市中区○○丁目○○番地
事業種目	業
資本金又は出資金額	円

自令和　年　月　日
至令和　年　月　日
事業年度から法人税の申告書を青色申告書によって提出したいので申請します。

記

1　次に該当するときには、それぞれ□にレ印を付すとともに該当の年月日等を記載してください。

□　青色申告書の提出の承認を取り消され、又は青色申告書による申告書の提出をやめる旨の届出書を提出した後に再び青色申告書の提出の承認を申請する場合には、その取消しの通知を受けた日又は取りやめの届出書を提出した日　平成・令和　年　月　日

☑　この申請後、青色申告書を最初に提出しようとする事業年度が設立第一期等に該当する場合には、内国法人である普通法人若しくは協同組合等にあってはその設立の日、内国法人である公益法人等若しくは人格のない社団等にあっては新たに収益事業を開始した日又は公益法人等（収益事業を行っていないものに限ります。）に該当していた普通法人若しくは協同組合等にあっては当該普通法人若しくは協同組合等に該当することとなった日　平成・令和　年　月　日

□　所得税法等の一部を改正する法律（令和2年法律第8号）（以下「令和2年改正法」といいます。）による改正前の法人税法（以下「令和2年旧法人税法」といいます。）第4条の5第1項（連結納税の承認の取消し）の規定により連結納税の承認を取り消された後に青色申告書の提出の承認を申請する場合には、その取り消された日　平成・令和　年　月　日

□　令和2年旧法人税法第4条の5第2項各号の規定により連結納税の承認を取り消された場合には、同項各号のうち、取消しの基因となった事実に該当する号及びその事実が生じた日　令和2年旧法人税法第4条の5第2項第　号　平成・令和　年　月　日

□　連結納税の取りやめの承認を受けた日を含む連結親法人事業年度の翌事業年度に青色申告書の提出をしようとする場合には、その承認を受けた日　令和　年　月　日

□　令和2年改正法附則第29条第2項の規定による届出書を提出した日を含む最終の連結事業年度の翌事業年度に青色申告書の提出をしようとする場合には、その届出書を提出した日　令和　年　月　日

2　参考事項

(1)　帳簿組織の状況

伝票又は帳簿名	左の帳簿の形態	記帳の時期	伝票又は帳簿名	左の帳簿の形態	記帳の時期

(2)　特別な記帳方法の採用の有無
イ　伝票会計採用
ロ　電子計算機利用

(3)　税理士が関与している場合におけるその関与度合

税理士署名	

※税務署処理欄	部門		決算期		業種番号		番号		入力		備考		通信日付印	年月日	確認	

04.03改正

（規格A4）

給与支払事務所等の開設届の見本

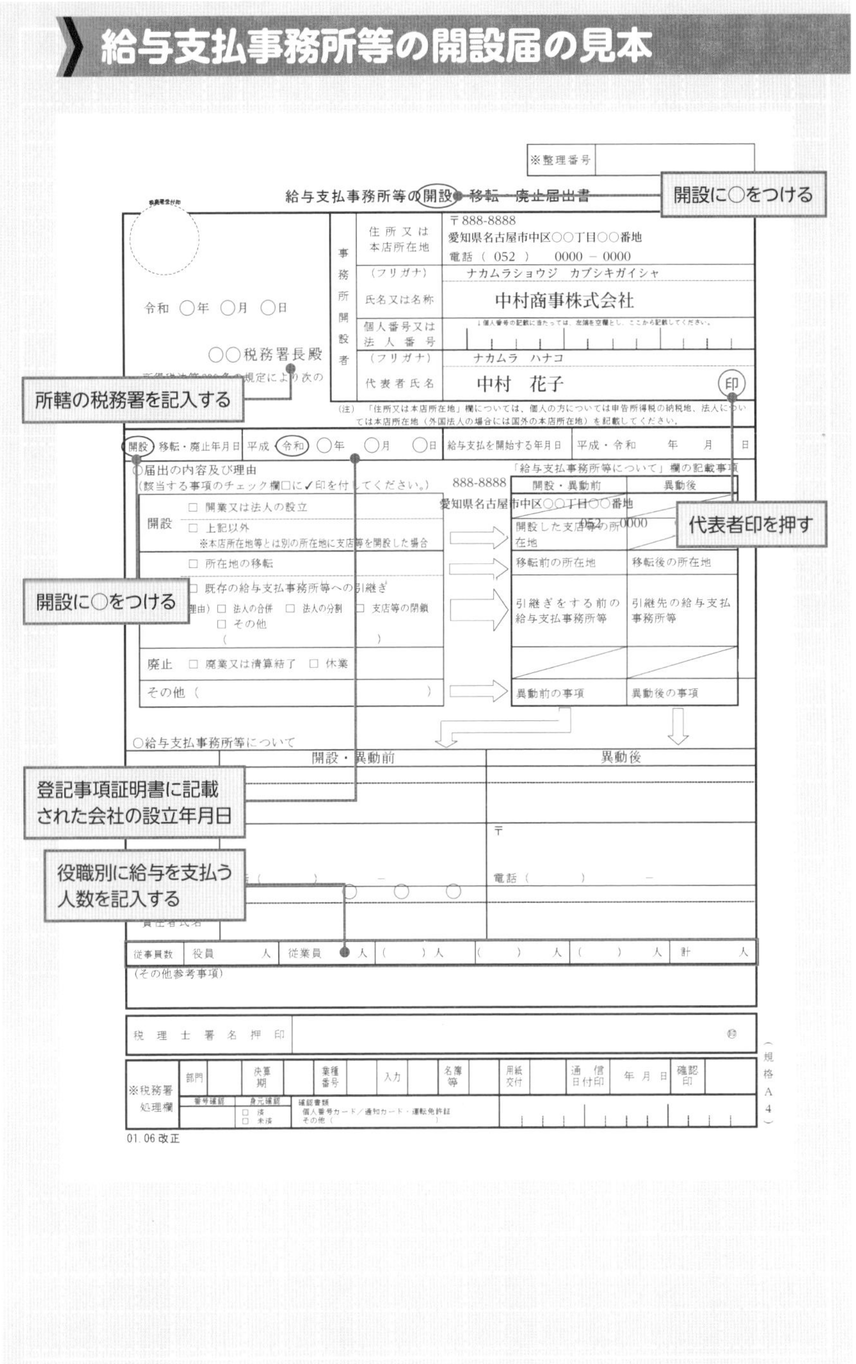

※整理番号

給与支払事務所等の開設・移転・廃止届出書

令和 ○年 ○月 ○日

○○税務署長殿

所得税法第230条の規定により次のとおり届け出ます。

事務所開設者		
住所又は本店所在地	〒888-8888 愛知県名古屋市中区○○丁目○○番地 電話（ 052 ） 0000 － 0000	
（フリガナ）	ナカムラショウジ カブシキガイシャ	
氏名又は名称	中村商事株式会社	
個人番号又は法人番号	↓個人番号の記載に当たっては、左端を空欄とし、ここから記載してください。	
（フリガナ）	ナカムラ ハナコ	
代表者氏名	中村 花子	印

（注）「住所又は本店所在地」欄については、個人の方については申告所得税の納税地、法人については本店所在地（外国法人の場合には国外の本店所在地）を記載してください。

開設・移転・廃止年月日	平成・令和 ○年 ○月 ○日	給与支払を開始する年月日	平成・令和 年 月 日

○届出の内容及び理由
（該当する事項のチェック欄□に✓印を付してください。）

		「給与支払事務所等について」欄の記載事項	
		開設・異動前	異動後
開設	□ 開業又は法人の設立 □ 上記以外 ※本店所在地等とは別の所在地に支店等を開設した場合	開設した支店等の所在地	
移転	□ 所在地の移転	移転前の所在地	移転後の所在地
	□ 既存の給与支払事務所等への引継ぎ （理由）□ 法人の合併 □ 法人の分割 □ 支店等の閉鎖 □ その他（ ）	引継ぎをする前の給与支払事務所等	引継先の給与支払事務所等
廃止	□ 廃業又は清算結了 □ 休業		
その他（ ）		異動前の事項	異動後の事項

888-8888
愛知県名古屋市中区○○丁目○○番地
052 0000

○給与支払事務所等について

	開設・異動前	異動後
		〒
	電話（ ） －	電話（ ） －
責任者氏名	○ ○ ○	

従事員数	役員 人	従業員 ● 人	（ ） 人	（ ） 人	（ ） 人	計 人

（その他参考事項）

税理士署名押印	印

※税務署処理欄	部門	決算期	業種番号	入力	名簿等	用紙交付	通信日付印	年月日	確認印
	番号確認	身元確認 □済 □未済	確認書類 個人番号カード／通知カード・運転免許証 その他（ ）						

01.06改正

（規格A4）

地方税や社会保険の届出をする

労働保険の届出をしよう

会社を設立して人を1人でも雇用することになったら、労働保険に加入します。労働保険とは、労災保険と雇用保険を合わせて労働保険といっています。

まず人を雇用することになったら、労働基準監督署へ「**労働保険関係成立届**」を雇用した日から10日以内に提出します。次に雇った日から50日以内に「**労働保険概算保険料申告書**」を提出します。

次にハローワークへ提出する書類です。まず人を雇用したい時は「**雇用保険適用事業所設置届**」を提出し、さらに人を雇い入れたら10日以内に「**雇用保険被保険者資格届**」を提出します。この時、前出の「**労働保険関係成立届**」の事業主用の控え（労働基準監督署の受理済み）が必要になりますので注意しましょう。

地方税の届出をしよう

地方税の届出は、各都道府県・市町村でそれぞれ行い、提出する書類は「**法人設立届出書**」です。「法人設立届出書」の他に、定款のコピーと登記事項証明書も必要です。ただし、提出に関しては地域によって異なる場合がありますから、詳細は各行政に確認した方が確実です。

厚生年金・健康保険の届出をしよう

会社を設立したら、社会保険加入のために社会保険事務所へ届出を行います。ここで提出する書類は、「**厚生年金・健康保険新規適用届**」です。この書類の他に必要な書類は、登記事項証明書です。この届出により、年金や健康保険の制度が使える会社となります。ちなみにこちらの書類は提出期限が決まっていませんが、忘れないためにも設立後すみやかに提出するようにしましょう。

厚生年金・健康保険新規適用届の書き方

健康保険
厚生年金保険
新規適用届

届書コード 1 0 1

事業所名称：カ ナカムラショウジ
中村商事株式会社

事業主氏名：ナカムラ ハナコ
中村 花子 ㊞

事業主住所：名古屋市中区〇〇丁目〇〇番地

事業所所在地：ナゴヤシナカク〇〇チョウメ〇〇バンチ
名古屋市中区〇〇丁目〇〇番地

都道府県名は書かない

事業所業態分類表にある種類を記入

裏面も記入してください

POINT!

地方税と社会保険の届出はすべての会社で必須です労働保険は、従業員を雇用する時に手続きします。

労働保険関係成立届の書き方

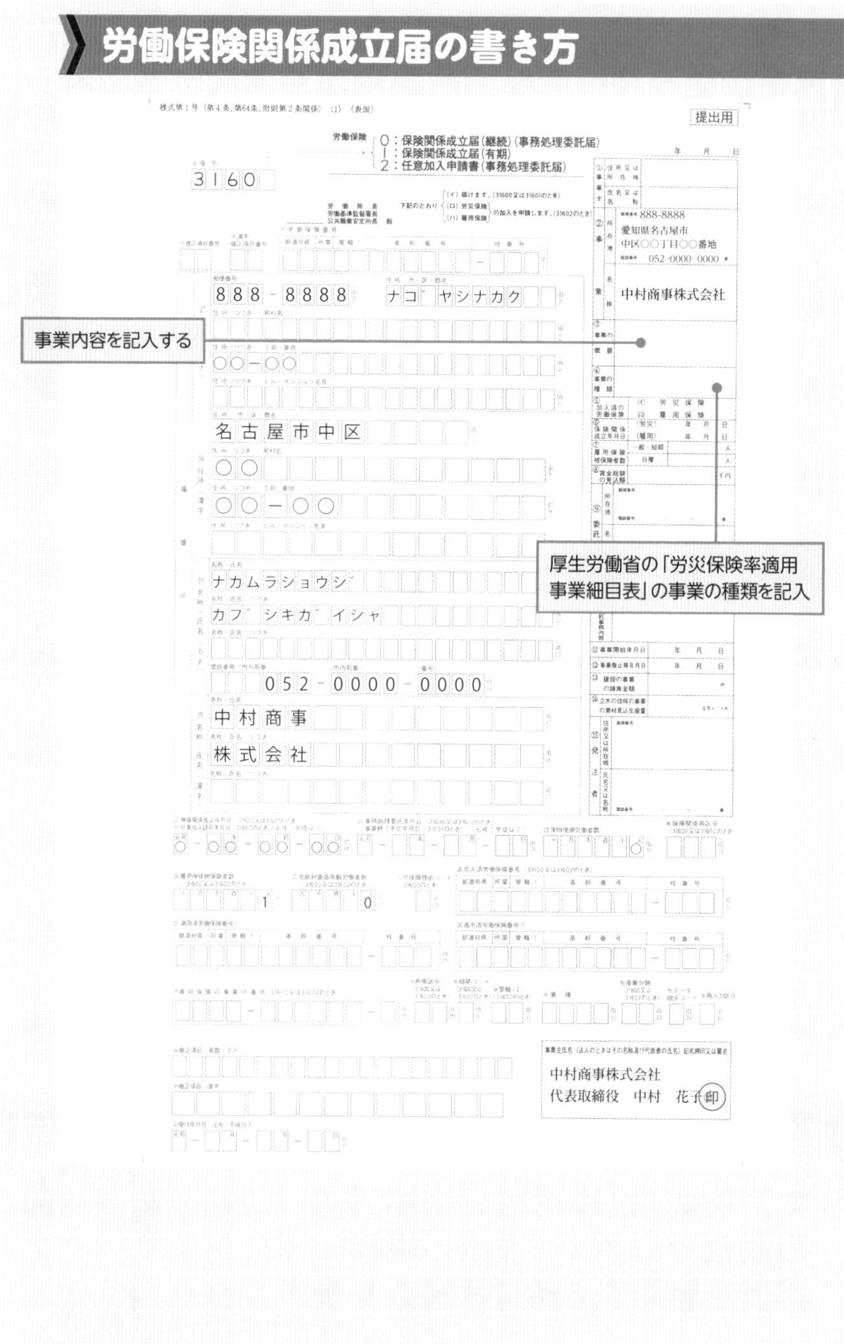

雇用保険適用事業所設置届の書き方

雇用保険適用事業所設置届 （必ず第２面の注意事項を読んでから記載してください。）

※ 事業所番号

帳票種別
11001

下記のとおり届けます。
公共職業安定所長 殿
平成 年 月 日

（この用紙は、このまま機械で処理しますので、汚さないようにしてください。）

1. 事業所の名称（カタカナ）
ナカムラシヨウシ゛

事業所の名称〔続き（カタカナ）〕
カフ゛シキカ゛イシヤ

2. 事業所の名称（漢字）
中村商事

事業所の名称〔続き（漢字）〕
株式会社

3. 郵便番号
888-8888

4. 事業所の所在地（漢字）※市・区・郡及び町村名
名古屋市中区

事業所の所在地（漢字）※丁目・番地
○○-○○

事業所の所在地（漢字）※ビル、マンション名等

5. 事業所の電話番号（項目ごとにそれぞれ左詰めで記入してください。）
052-0000-0000
市外局番 市内局番 番号

6. 設置年月日
（3 昭和 4 平成）
元号 年 月 日

7. 労働保険番号
府県 所掌 管轄 基幹番号 枝番号

※ 公共職業安定所 記載欄	8. 設置区分 （1 当然 2 任意）	9. 事業所区分 （1 個別 2 委託）	10. 産業分類	11. 台帳保存区分 （1 日雇被保険者のみの事業所 2 船舶所有者）

12. 事業主			16. 常時使用労働者数		人
	（フリガナ）				
	住所（法人のときは主たる事務所の所在地）	愛知県名古屋市中区○○丁目○○番地	17. 雇用保険被保険者数	一般	人
	（フリガナ）	ナカムラシヨウジ カブシキガイシヤ		日雇	人
	名称	中村商事株式会社	18. 賃金支払関係	賃金締切日	日
	（フリガナ）	ナカムラ ハナコ		賃金支払日	当・翌月 日
	氏名（法人のときは代表者の氏名）	中村 花子 （記名押印又は署名）印	19. 雇用保険担当課名		課 係
13. 事業の概要（派遣の場合は派遣の種トン数を記入すること）			20. 社会保険加入状況		健康保険 厚生年金保険 労災保険
14. 事業の開始年月日	平成 年 月 日	※事業の15. 廃止年月日 平成 年 月 日			

備考

※ 所長	次長	課長	係長	係	操作者

（この届出は、事業所を設置した日の翌日から起算して10日以内に提出してください。）
77
2011. 1

「労働保険保険関係成立届」を提出し交付された労働保険番号を記入する

事業内容を記入する

代表者印を押す

賃金の締日や支払日を記入する

SECTION 04

個人事業を廃業する場合

法人成りしたらやること

廃業届は設立後に税務署に提出する

個人事業から会社設立（法人成り）する人の場合は、会社設立後に個人事業を廃業する旨を税務署に届け出る必要があります。個人事業を廃業する場合に必要な書類は「個人事業の開業・廃業等届出書」「所得税の青色申告の取りやめ届出書」「給与支払事務所等の廃止届出書」「消費税の事業廃止届出書」です。これら4つの書類は全部提出しないといけないわけではなく、個人事業時代に人を雇用していた人や、課税事業者になっていた人だけが提出すれば良い書類もあります。個人事業をしていた人全員が提出しないといけない書類は、個人事業の開業・廃業等届出書」のみです。

- **「所得税の青色申告の取りやめ届出書」は、個人事業時代に青色申告を行っていた人が提出するものです。**
- **「給与支払事務所等の廃止届出書」は、従業員や家族に対し給与を支払っていた人が提出する書類です。設立した会社でも継続して雇用する場合も、個人と法人は別物と考え、廃止の届出書を提出し、新たに会社が給与支払事務所になったことを知らせる書類を提出します。**
- **「消費税の事業廃止届出書」は、課税事業者だった人が提出します。**

これらの書類はすべて、税務署の窓口か国税庁のホームページからダウンロードすることができます。

年度途中の法人成りに注意しよう

年度の途中で個人事業を廃業して会社を設立する場合は、個人の確定申告が必要になるので注意しましょう。年度の途中で廃業する場合は、その年の1月から廃業届を提出するまでの期間に行っていた事業に対する確定申告が必要になります。

個人事業の開業・廃業等届出書の書き方

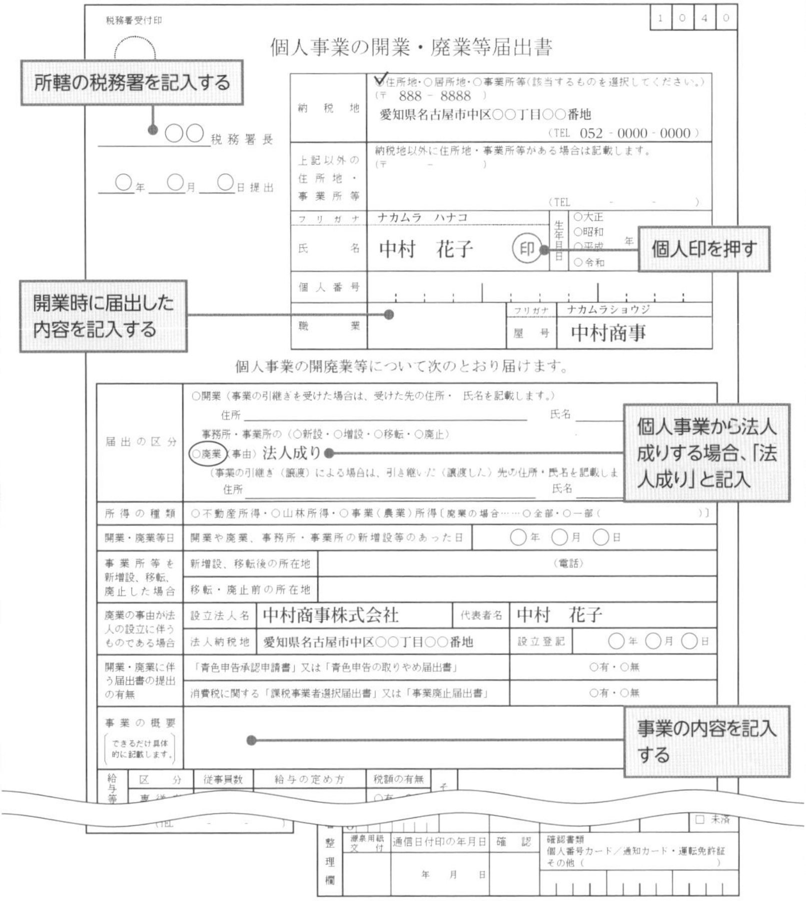

税務署受付印　　　　1040

個人事業の開業・廃業等届出書

所轄の税務署を記入する

○○税務署長

○年○月○日提出

納税地	✓住所地・○居所地・○事業所等（該当するものを選択してください。） （〒 888 − 8888 ） 愛知県名古屋市中区○○丁目○○番地 （TEL 052 − 0000 − 0000）
上記以外の住所地・事業所等	納税地以外に住所地・事業所等がある場合は記載します。 （〒 − ） （TEL − − ）
フリガナ	ナカムラ　ハナコ
氏名	中村　花子　㊞　生年月日 ○大正 ○昭和 ○平成 ○令和 年
個人番号	
職業	フリガナ ナカムラショウジ　屋号 中村商事

個人印を押す

開業時に届出した内容を記入する

個人事業の開廃業等について次のとおり届けます。

届出の区分	○開業（事業の引継ぎを受けた場合は、受けた先の住所・氏名を記載します。） 住所　　氏名 事務所・事業所の（○新設・○増設・○移転・○廃止） ◯廃業（事由）法人成り （事業の引継ぎ（譲渡）による場合は、引き継いだ（譲渡した）先の住所・氏名を記載しま 住所　　氏名
所得の種類	○不動産所得・○山林所得・○事業（農業）所得〔廃業の場合……○全部・○一部（ ）〕
開業・廃業等日	開業や廃業、事務所・事業所の新増設等のあった日　○年○月○日
事業所等を新増設、移転、廃止した場合	新増設、移転後の所在地　（電話） 移転・廃止前の所在地
廃業の事由が法人の設立に伴うものである場合	設立法人名 中村商事株式会社　代表者名 中村　花子 法人納税地 愛知県名古屋市中区○○丁目○○番地　設立登記 ○年○月○日
開業・廃業に伴う届出書の提出の有無	「青色申告承認申請書」又は「青色申告の取りやめ届出書」　○有・○無 消費税に関する「課税事業者選択届出書」又は「事業廃止届出書」　○有・○無
事業の概要（できるだけ具体的に記載します。）	
給与等	区分　従事員数　給与の定め方　税額の有無　そ

個人事業から法人成りする場合、「法人成り」と記入

事業の内容を記入する

整理欄：源泉用紙 交付　通信日付印の年月日　年 月 日　確認　確認書類 個人番号カード／通知カード・運転免許証 その他（ ）　□ 未済

POINT!

必ず提出するのは、「個人事業の開業、破棄等届出書」です。その他の書類は、該当する人のみ提出します。

SECTION 05

法人口座を作ろう

銀行の法人口座とは

法人口座の開設は審査がある

法人口座とは、読んで字のごとく「法人（会社）の口座」という意味で、個人名義ではなく、**会社名義の口座**のことをいいます。個人口座は簡単に開設できますが、法人口座の開設は希望どおりに作れるとは限りません。これは個人口座より法人口座の開設の審査が厳しいことが原因です。なぜ審査が厳しいかというと、法人口座の方が個人口座よりも、顧客（お金を振り込む側）からの信用度が高いことが理由だと言えます。

例えば100万円を振り込む際に、振込先の口座名義が個人なのか法人なのかでは、法人のほうが圧倒的に安心です。過去にこれを利用した詐欺や犯罪行為が増えてしまったことがありました。このことが原因で簡単には法人口座を作れなくなったということです。また、それぞれの金融機関は独自の審査基準を設定しています。比較的作りやすい金融機関と、そうではない厳しい金融機関の両方が存在しています。

法人口座の開設の手続きは？

ネット銀行などの場合を除き、法人口座の申し込みは希望する金融機関の窓口で行うことになります。手続きの際に必要なものは、**「登記事項証明書」「会社の代表印」「会社の印鑑証明書」「会社の銀行印」「身分証明書」**が最低限必要です。他に、定款・代表者の実印・代表者の印鑑証明書などの提出を求められることもあります。口座開設に必要なものは、それぞれの金融機関により違いがありますので、窓口やサイトなどで確認しましょう。

また、今後の資金繰りなども法人口座のある金融機関で取引するため将来的な取引も含めて金融機関を選定した方が良いでしょう。

金融機関の比較

金融機関	メリット	デメリット
都市銀行	•会社の信用力が上がる •高額な融資にも対応できる •全国に支店がある •海外への振込にも対応している	•法人口座開設の審査が厳しい
地方銀行	•地域での信頼度がある	•全国で取り扱えない場合がある
信用金庫	•貸し渋りや貸し剥がしが少ない •法人口座を開設しやすい	•他金融機関に比べて金利が高い
ゆうちょ銀行	•口座手数料が無料 •ATMで現金を引き出しが無料 •全国に支店がある	•社会保険の引き落としに使えない •1300万円を超える預入はできない
ネット銀行	•24時間365日インターネット上で取引ができる •口座手数料がかからない •振込手数料が比較的安い	•信頼度が低い

口座開設に必要なもの

- 登記事項証明書
- 会社の印鑑証明書
- 身分証明書
- 会社の代表印
- 会社の銀行印

設立したばかりの会社なら法人口座を開設しやすい信用金庫がおすすめです。

SECTION 06

会計とは

個人の金銭管理とはまったく違う会社の会計

会社の会計を理解しよう

会社を運営する上でお金の動きを無視することはできません。

ここでは、会社の会計についてまずは基本的なことを押さえておきましょう。

会社の会計は複式簿記で行う

会社の運営におけるお金の流れは、大きく「支払い」と「収入」の2つに分けることができます。このお金の流れを正確に把握するために、記録に残していくことを広い意味で会計と呼んでいます。

法人は、法律上で人格が与えられているとはいえ、自分で物を購入したり請求書を出してお金をもらったりすることができないわけですから、第三者が代わりに会計業務を行うことになります。

会社の日々のお金のやりとりは、どんなことでも必ず帳簿に記録しておかなければなりません。その記録する業務のことを「会計記帳」および、会計記帳によって作成されたものを「帳簿」と呼んでいます。

さてこの帳簿の作成ですが、会社の場合は「**複式簿記**」といわれる方法で行われます。複式簿記を簡単に説明すると、そのお金がなんのためにいくら使われたのか、あるいは何の代金としていくらお金が入ってきたのかという**お金の流れが第三者から見て理解できる記録の仕方**です。

ちなみに、複式簿記の他に単式簿記という記録方法もあります。単式簿記は個人事業において使用している人も多いですが、こちらはお小遣い帳や家計簿と似たような感覚で記録できる方法で、入金と出金を記録していき、最終的な合計が合致していれば良いとされる方法になります。それを思うと、複式簿記はちょっと面倒ですね。

会社のお金は第三者からも理解できるように

支払ったお金 = 経費

「法律に定められた使い方をしていることが第三者にわかる状態のもの」とは?

領収書をもらい、その領収書に誰と打ち合わせしたのかを書いて、経費をまとめた帳簿に書き入れ、さらにその領収書を証拠として保管すること

過去からみて増えたお金 = 収入

収入が「法律に定められた使い方をしていることが第三者にわかる状態のもの」とは?

口座にお金が振り込まれる、振込人宛の請求書や見積書があり、それに見合う商品やサービスの提供実績がわかる納品書や契約書、仕入先への発注書と仕入先からの請求書などが揃っていること

POINT!

会社のお金の出入りは、第三者から見て理解できるように正確に記録しなくてはなりません。

SECTION 07

会社の経理とは

会社の会計に必要な書類作成とは

決算のためには経理はしっかりやっておく

毎年、その年の会社のお金の状況を確定させることを決算といいますが、決算がやってくるまでお金の管理を何もしないとなると、決算の時期に大変なことになってしまいます。1年分のお金のやりとりを短期間ですべて行うのは不可能ですから、お金の動きがあったらそのつど記録していくようにしていきましょう。

ちなみに、お金の管理をする業務のことを「経理」といっています。会社における経理業務は、おおまかに「毎日するもの」「毎月するもの」「毎年するもの」という3つの業務に分けられます。

毎日行う経理業務は、お金の入出金を記録する出納業務、仕訳帳への記帳、売上金の確認などがあります。次に**毎月行う業務としては、給与の計算・支払い、売掛金の請求・回収、買掛金の支払いなど**があります。最後、**毎年行われる業務は、決算、確定申告、必要に応じた各種届出など**です。

ちなみに、いきなり貸借対照表や損益計算書、総勘定元帳といった難しい話を説明されても混乱してしまいます。でも、お金の流れをしっかり把握することは、経営をする上で最も大切なことです。ですからまずは、単純なお金の流れを把握する習慣をつけるためにも「現金出納帳」の作成から始めてみてください。「現金出納帳」とは、「現金の出入りを記録するもの」です。会計の基本になるものですから、今後会社の経理を行うためにも、まずはここからスタートです。クレジットカードや電子マネー決済が主流になりつつある昨今ですが、それでも現金を扱うことがなくなることはありません。カード決済等、口座からクレジット会社が引き落としたお金の内訳を記録する場合も基本は同じです。なにはともあれ「現金出納帳」の作成が基本です。

会社の経理

主要簿	仕訳帳	すべての取引を発生順に記録する
	総勘定元帳	仕訳帳をもとに、勘定科目ごとに記録する
補助簿	現金出納帳	現金の出入りを発生順に記録する
	預金出納帳	銀行別・口座別にお金の出入りを記録する
	売掛金元帳	売掛金の取引を仕入れ先ごとに記録する
	買掛金元帳	買掛金の取引を仕入れ先ごとに記録する

現金出納帳

日付		勘定科目	摘要	収入	支出	残高
5	1	－	前月繰越	120,000	20,000	120,000
	7	売掛金	○○社より現金回収	50,000		170,000
	11	水道光熱費	4月分		20,000	150,000
	15	通信費	4月分		20,000	130,000
	20	普通預金	預金より現金補充	20,000		150,000
	23	備品購入	文房具購入		10,000	140,000
	30	会議費	お茶／お菓子		20,000	120,000
			計	190,000	70,000	120,000

POINT!

経理業務は日々の積み重ねが大切です。放置してしまうと、決算時にとても大変な思いをします。

SECTION 08

日々の経理業務

日々の経理でやっておくこと

毎日、毎月、毎年の経理業務を把握しよう

会社の取引件数は、1年で相当な回数になります。決算の時になって一気にやろうとしても難しいです。ですから、毎日・毎月・毎年という3つに分けて記録を行い、お金の状況を把握できるようにしておきましょう。会社設立準備にかかる準備費用はすべて経費として計上することができますので、会社を設立することが決まったら、必要な帳簿は早めに用意しておくことをおすすめします。

毎日の経理業務（日次経理業務）

出納業務（現金の入出金業務のこと）、経費の精算と記帳（月次でもよい）、仕訳帳、元掛金元帳、買掛金元帳の記帳（月次でもよい）

毎月の経理業務（月次経理業務）

売掛金の請求、買掛金の支払い、給与（賞与）の計算と支払い

毎年の経理業務（年次の経理業務）

仕訳帳の内容を総勘定元帳に転記や確認、各帳簿の集計、決算整理、決算書の作成、株主総会の開催、確定申告と税金の納付、年末調整

資産に応じて経理処理が異なることを知っておこう

会社の名義で購入したパソコンや土地などは、資産扱い隣消耗品の購入とは異なる経理処理をすることになっているため注意が必要です。資産は大きく2つに分かれており、減価償却資産は耐用年数が1年以上、金額が10万以上の物が対象になる「減価償却資産」と、土地や有価証券が対象になる「その他の資産」とがあります。会社の経理業務については、最初はわからないことが多くかつ業務量も多いので、いつでも気軽に相談できるよう顧問税理士を契約するか、所轄の税務署の無料相談窓口を利用しましょう。

会社における経理業務のまとめ

毎日行うこと（日次経理業務）

- 出納業務（日々の現金の入出金を管理）
- 経費の精算を記帳（月次でも可）
- 仕訳帳、元掛金元帳、買掛金元帳の記帳（月次でも可）

毎月行うこと（月次経理業務）

- 売掛金の請求
- 買掛金の支払い
- 給与（賞与の支払い）

毎年行うこと（年次経理業務）

- 仕訳帳の内容を総勘定元帳に転記、確認
- 各帳簿の集計
- 決算整理、決算書の作成
- 株主総会の開催
- 確定申告、税金納付、年末調整

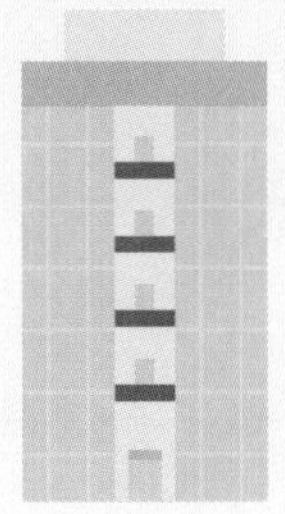

毎日の出納業務を正確につみあげていくことが大切です！

SECTION 09

会社の決算

決算から確定申告までの流れ

会社が決めた決算日には、その年1年のすべての会社のお金の総まとめをします。この時に作成する4種類の書類をまとめて「決算書」といっています。決算書の作成は、最初から自分ひとりで作成することが難しいので、多くの会社が決算書の作成を税理士に依頼しています。日々の経理業務がしっかり行われていれば、税理士の報酬を安くできるケースもありますから、まずは日々の経理業務を確実にこなすことが大事になります。

さて、決算書の作成は人に依頼するにしても、おおまかな流れだけは理解しておきましょう。会社の決算期が近づいてきたら、会社のお金の状況を整理していかなければなりません。具体的には、預金残高を確認、売上高の確定、売上原価の確定などを行っていきます。

決算書の作成後には確定申告が待っていますが、**確定申告の期限は事業年度が終わった翌日から2ヶ月以内**と決まっています。しかもその**確定申告の前には、作成した決算書を株主総会で承認**してもらっておく必要があります。ですから決算業務は必ず計画的に行うようにしてください。

会社の確定申告とは？

確定申告は、その年の会社の収支を確定させて税務署に申告し、納税することをいいます。確定申告の期限は事業年度が終わった翌日から2ヶ月以内に行ってください。確定申告の方法には、白色申告と青色申告の2つの方法がありますが、会社の場合は税制上のメリットが大きい青色申告が基本となります。その際に作成する書類は、「**申告書別表**」「**勘定科目内訳書**」「**法人事業概況説明書**」の3種類があります。これら3つの書類に、すでに作成した決算書や帳簿類を添付して提出します。

決算から確定申告までの流れ

1 決算を行う

事業年度の終わり時点の損益をまとめる。

2 決算書を作成する

「貸借対照表」「損益計算書」「株主資本等変動計算書」「個別注記表」等、決算書を作成する。

3 株主総会で承認を受ける

作成した決算書を株主総会に提出し、承認を受ける。

4 確定申告を行う

事業年度末の翌日から2ヵ月以内に税務署に確定申告書を提出し、必要に応じて納税する。

POINT!

決算書のメインとなるのは「貸借対照表」と「損益計算書」の2つ。自分だけで作成するのが難しい場合は税理士などに依頼しましょう。

会社の確定申告をしよう

確定申告のメリット

青色申告って何？

前項では、会社の決算を行ったら事業年度の翌日から2ヵ月以内に確定申告を行わなければならないと説明しました。確定申告を怠ってしまうと、無申告加算税（定められた申告期限までに確定申告を行わなかった場合に課せられる国税のことです）や延滞税が課せられてしまうので注意してください。

青色申告における会社のメリットは？

確定申告は税務上のメリットがある青色申告が基本です。では、そのメリットとは一体どういうものがあるのか紹介していきます。

欠損金の繰越控除

欠損金とは赤字のことを指しますが、法人の場合は最大10年間まで赤字を繰り越すことができます。これについてはすでにP60で説明したため詳しくは割愛しますが、欠損金の繰越控除が認められることで、会社が赤字の時は法人税が免除されます。

欠損金の繰り戻し還付

先ほどは欠損金の繰越控除で、ある事業年度に赤字を出してしまった場合にその赤字分を繰り越すことができるというものでしたが、こちらは「欠損金の繰り戻し還付」といい、前期が黒字で今期が赤字だったような場合に、前期に納めた分の法人税の一部を還付してもらえるというものです。

少額減価償却資産の取得価額の損金算入

減価償却資産に該当する物を購入した場合、減価償却をして計上していかなければならないということはすでにお伝えしました。ただ、特例として少額の減価償却資産の場合は、中小企業に限り30万円までであれば一括して費用に計上することができます（上限３００万円まで）。

青色申告のメリットは？

メリット❶ 欠損金の繰越控除

最大で10年間繰越可能。翌期は利益が出ても欠損金で相殺されるので法人税はかからない。

メリット❷ 欠損金の繰越還付

前期黒字

今期は赤字

前期が黒字で今期が赤字だった場合、前期に納めた法人税の一部が還付される。

メリット❸ 少額の償却資産を全額費用にできる

例）100万円の製造機械を購入

白色申告の場合	青色申告の場合
減価償却	上限300万円までなら購入した期に全額費用に計上できる!

POINT!

青色申告は、複式簿記によって帳簿をつけなければならないなど、面倒なこともありますが、その分税制上のメリットがあります。

SECTION 11

会社の税金を理解する

これだけは知っておきたい会社の税金

会社の税金を知ろう

ここでは、法人に関係する税金の種類をみていきましょう。「法人税」、「法人住民税」、「法人事業税」、「消費税」が主なものとなります。

法人税はいくら？

会社の所得に課せられる税金を「法人税」といいますが、法人税の納税額は課税対象の所得の金額によって異なります。法人税の税率は、15％と23・2％の2種類があり、課税所得が年800万円以下の場合は15％、課税所得が年800万円を超える場合は23・2％が課せられるという決まりです。

地方税の課税方法を知る

国税である法人税の他に、都道府県や市町村など地方自治体へ収める税金があります。それが、「法人住民税」と「法人事業税」です。

法人住民税と法人事業税は、「均等割」と「法人税割」という2つの課税方法があります。均等割は、資本金額によって納税額が決まっているのに対し、法人税割の場合は所得の金額に応じて税率が変わるというものです。所得に応じて課税される法人税割の場合は、赤字になれば納税する必要がありませんが、均等割は赤字でも関係なく納める税金となります。

会社が支払う消費税とは

消費税は、さまざまな商品やサービスを消費する際に課税されるものです。消費者から預かった消費税は、確定申告時にまとめて会社が税務署に申告し納付するという一連の流れが、消費税のしくみです。

会社に関わる税金

税金の種類	内容	税率		納付先
法人税	法人の所得に対し課税される	所得が800万円以下	15%	国
		所得が800万円超	23.2%	
法人住民税	法人税額で決まる法人税割と均等割がある	法人税割】		地方自治体
		都道府県税	法人税額に税率1.0%	
		市町村税	法人税額に税率9.7～12.1%	
		均等割】		
		都道府県税	資本金1000万円超1億円以下、従業員50以下は5万円	
			資本金1000万以下、従業員50以下は2万円	
		市町村税	資本金1000万円超1億円以下、従業員50以下は13～15.6万円	
			資本金1000万以下、従業員50以下は5～6万円	
法人事業税	法人の所得に対し課税される	所得が400万円以下	3.5%	地方自治体
		所得が400万円以上800万円以下	5.3%	
		所得が800万円超	7.0%	
消費税	事業取引の中で消費者から預かった税を納める	1000万円以上の所得がある事業者は課税		国

POINT!

もし赤字だった場合は、法人税は納税しなくてもよくなります。しかし、法人住民税の均等割と消費税は赤字でも納税の義務があります。

SECTION 12

消費税を理解する

消費税を計算しよう

消費者から預かった消費税は、事業者が納付する

私たちにとって最も身近な税が「消費税」です。この消費税は、国内で取引されるほとんどの物やサービスに課せられる税で、消費者は商品・サービスの購入時に支払うことになっています。税金は、納め方によって「直接税」と「間接税」とに分かれていますが、消費税は「間接税」に分類され、**消費者から預かった事業者が申告する仕組み**です。

ただ、消費税は現状の制度上、消費税を納付しなければならない課税事業者と納付を免除される免税事業者とに分かれています。消費税の課税事業者になる条件は決まっており、①2期前の課税売上高が1000万円を超える事業者または②前年度開始日から6ヵ月の課税売上高または給与支払い総額のいずれかが1000万円を超える事業者が課税事業者に該当します。

消費税の計算方法は？

納付する消費税額の計算方法は、その事業年度の売上にかかった消費税額から仕入れにかかった消費税額を引いた額になります。ちなみにこの際に差し引ける仕入れにかかった消費税額のことを「仕入れ税額控除」といいますが、この仕入れ税額控除を適用するには、次の条件を満たす必要があります。その条件とは、請求書の保存と帳簿記載です。

ちなみにこの請求書は、2023年10月1日から適格請求書という請求書に変更になります。適格請求書は課税事業者登録と適格請求書発行事業者登録を済ませた事業者しか発行できないことになっています。

消費税の基本的な仕組みとは？

消費税は、事業者が消費者から預かった分を納税する仕組みです。消費税のように、負担者と納税者が異なる税のことを「間接税」といいます。

課税事業者となる条件

①2期前の課税売上高が1000万円を超える事業者
②前年度開始日から6ヵ月の課税売上高または給与支払い総額のいずれかが1000万円を超える事業者

消費税の計算方法は?

消費税額 ＝ 課税売上に係る消費税額（課税対象となる売上高×10%（8%）） － 課税仕入れに係る消費税額（課税対象となる仕入高×10%（8%））

※8%は軽減税率の対象品目の場合

簡易課税の場合

消費税の申告・納付における事業者の事務負担を軽減するために設けられた簡易課税制度という制度もあります。みなし仕入れ率を用いて計算するため、支払った消費税額を比較的簡単に計算することができるメリットがあります。

消費税額 ＝ 課税売上に係る消費税額 － 課税仕入れに係る消費税額

※みなし仕入れ率

仕入れ税額控除とは?

仕入れ税控除は、消費税を納税する際に、売上消費税から仕入れ消費税を差し引くことです。仕入れ税控除を行うには、請求書（区分記載請求書）と帳簿の保存が必要になります。

POINT!

2023年10月1日からインボイス制度（適格請求書保存方式）が始まると、仕入れ税額控除を行うために必要な請求書が適格請求書に変わります。適格請求書とは、現在の区分記載請求書の項目に「税率ごとの適用税率」「税率ごとに区分した消費税額等」「事業者登録番号」が追加されたものです。

SECTION 13

年末調整を計算しよう

年末調整で一年の所得税額を確定させる

従業員を雇うと、会社は毎月の給与から天引きで所得税の源泉徴収を行うことになっており、天引きした源泉徴収は会社がまとめて、翌月10日までに収める仕組みです。ただしこの時に天引きされる源泉徴収額の中には、所得控除などが反映されていないため、正しい所得税額と源泉徴収額に過不足が生じています。そこでこの過不足を正し、正確な所得税額を確定しなくてはなりません。このことを年末調整といいます。

所得控除できるもの

所得税から控除できる内容は、次のとおりです。

基礎控除

基礎控除とは、どんな人でも必ず一律で引ける控除金額です。基礎控除は納税者の合計所得額に応じて異なります。

配偶者控除

納税者に配偶者がいる場合に受けられる控除です。配偶者の年間所得が48万円以下であれば控除が受けられます。

生命保険料控除

生命保険などで支払っているものがある場合は、一定の控除を受けられます。

社会保険料控除

納税者が自己または自己と生計を一にする配偶者やその他の親族の社会保険料を負担した場合には、その支払った金額について控除を受けることができます。

地震保険料控除・住宅ローン控除

地震保険料や住宅ローンを支払っている場合は、一定の金額の控除を受けることができる。

年末調整の流れを理解しよう！

11月上旬

1 その年の給与、賞与を計算する
1/1～12/31まで支払いが確定した給与や賞与を合計して、給与所得控除分を差し引く

12月中

2 所得控除分を差し引く

3 生命保険料などを支払っている従業員から保険料控除明細書などを提出してもらう

4 所得税の税率をかけて税額を求める

12月中旬

5 住宅借入金等特別控除を行う（該当者のみ）

6 過不足分の還付や追加徴収を行う

所得控除になるもの

基礎控除

納税者本人の合計所得

2400万円以下 ➡ 48万円控除

2400万円超 ➡ 32万円控除

2450万円超 ➡ 16万円控除

2500万円以下 ➡ 0万円控除

配偶者控除
配偶者の年間所得が48万円以下の場合に受けられる

生命保険料控除
生命保険料や医療保険を支払いしている場合、生命保険／医療保険各4万円まで控除

社会保険料除
納税者本人、配偶者、親族の社会保険料を負担した場合

地震保険料・住宅ローン控除
支払っている場合

POINT!

給与の支払いが200万円以上、副業での所得が20万円以下の人は、年末調整を行わず、自分で確定申告します。

SECTION 14

会社の雇用と労務管理

人を雇ったらやること

人を雇うならルールを知っておく

自分ひとりだけでできる仕事量には限界がありますから、あるタイミングで人を雇用したくなることもあると思います。ただ、人を雇用する際には様々な法律などのルールがありますから、それらをきちんと守った上で雇用することが大切です。

雇用のルール「労働基準法」

さて、雇用のルールとは具体的にどのようなことでしょうか。従業員の労働条件を決める権利がある会社は、従業員に大きな影響力があります。ですから、不当な条件で従業員が働かされたりすることのないよう、雇用関係には色々と決まりがあります。雇用に関することで最も関わりのある法律が、「労働基準法」です。労働基準法は、従業員の権利を守るための法律で、労働時間や賃金、休日などの労働条件の基準が定められています。

雇用時の必要書類は1人ずつ作る

人を雇用することになったら、採用する人に**労働条件通知書を作成し提示**しなければなりません。労働条件通知書には、どのくらいの期間、どこで、いくらで働いてもらうのかという内容が書かれます。採用する人それぞれで条件が異なりますから、基本的には1人ずつ作成することになります。

雇用することが決まったら、雇用する人に誓約書や身元保証書などを書いてもらう会社も多いです。誓約書については、企業秘密などを漏洩（ろうえい）しないことなど、会社から従業員に守ってほしいことが書かれます。身元保証書には保証人となる人のサインがあるため、万が一の際には従業員の代わりに保証人に対し賠償請求などが行えるようになります。

労働基準法のポイント

人を雇用する際には、法律に基づいて労働条件を決めなくてはなりません。ここでは、その条件を決める上で基準となる労働基準法のポイントを把握しておいてください。

労働条件の明示
労働者に対して、採用する時に契約期間、労働条件、従事する業務、始業就業時間、賃金の決定方法、支払い時期を書面で明示する。

賃金
賃金を支払うときは、通貨で毎月1回以上、一定時の期日を定めて、労働者に直接支払わなくてはならない。

労働時間
労働時間の上限は一日8時間、週40時間まで。それ以上になる場合は、36協定を結ばなければならない。

休日・休憩
一日の労働時間が6時間以上になる場合は45分、8時間以上になる場合は1時間以上の休憩を労働者に与える。

割り増し賃金
労働者に時間外労働、休日労働、深夜労働などをさせた場合は、割増賃金を支払う。

年次有給休暇
雇用日から6か月以上続けて勤務し、全労働日の8割以上出勤した場合は、所定の年次有給休暇を与える。

解雇・退職
労働者を解雇する場合は、事前に予告（30日以上前）するか、解雇予告手当（平均賃金の30日分以上）を支払う。

就業規則
10人以上の労働者がいる場合は、就業規則を作成し、労働者代表の意見書を添えて、所轄の労働基準監督書に届け出る。

労働条件など雇用に関する相談は社労士に相談するのが一般的です。

労働条件通知書は、1人雇用するごとに作成しなければならない書類です。各従業員にどのような条件で働いてもらうかを明示しておきましょう。作成の際は、労働基準法に定められた基準を守るようにしてください。

SECTION 15

雇用形態はどうすればいい?

人を雇うのは難しい

会社を経営していくと、どうしても自分1人で行うことに限界を感じてしまいます。そんな時は人を雇うことで問題を解決することになるのですが、人を雇うのは簡単なことではありません。人を雇うことで自分1人の時よりもコストがかかりますし、人間同士ですから相性もあります。給料が安すぎれば不満が出ますし、他へ移ってしまうかもしれません。このように、さまざまな問題と向き合わされるのが人材雇用です。

雇用形態を知ろう

人を雇い入れる際に、「**雇用形態**」についてのご相談をいただくことが多いのですが、一般的な雇用形態について最低限知っておいてほしい内容についてご説明していきます。

雇用の形態は正社員や派遣社員、パート・アルバイトなどがありますが、それぞれの雇用形態の違いとは、適用される労働関連の規定が違うということになります。加入しなければならない保険や賃金の計算方法、労働時間、雇い入れ期間といった区別があり、会社・雇用者側のそれぞれにメリットデメリットが存在します。まずは、**人を雇用することで発生するコストをしっかりと計算して、募集する人材に働いてほしい時間を試算**しましょう。時間が出ましたら、その業務の内容を精査し、必要なスキルや経験などを検証するようにしてください。

人を募集する時の基本的な流れ

基本的な人材募集の流れは、雇用形態の決定→募集媒体の決定→募集→面接→採用決定→就労開始となります。

雇用形態の違い

雇用形態	契約期間の定め	給与体系	雇用契約	社会保険
正社員	無	月給・年棒	直接雇用	雇用企業で加入
契約社員	有	月給・日給	直接雇用	雇用企業で加入
パートタイマー	有	時給	直接雇用	雇用企業で加入
アルバイト	有	時給	直接雇用	雇用企業で加入
派遣	無・有	時給	間接雇用	派遣会社で加入

メリットとデメリット

<table>
<tr><th>雇用形態</th><th>雇用の安定</th><th>転勤</th><th>育成</th></tr>
<tr><td>正社員</td><td>無</td><td>有</td><td>長期的な教育と育成を行いやすい</td></tr>
<tr><td>契約社員</td><td rowspan="3">有期雇用
※5年を超えると無期雇用へ転換が可能</td><td>原則無し</td><td>スキルの高い人材を一時的に雇うことができる</td></tr>
<tr><td>パートタイマー</td><td>原則無し</td><td rowspan="2">繁忙期などに合わせて一時的に人員の調整ができる</td></tr>
<tr><td>アルバイト</td><td>原則無し</td></tr>
<tr><td>派遣</td><td>派遣元との契約期間による</td><td>原則無し</td><td>人材募集にかかる手間が削減できる。労働条件など、柔軟に対応してくれる</td></tr>
</table>

POINT!

パートタイマーとアルバイトには規定上、明確な違いはありません。

SECTION 16

社会保険と労働保険

会社が加入する社会保険のしくみを知る

社会保険はどういうしくみになっている？

ここでは、雇用に関して知っておかなければならない社会保険のしくみについて説明します。社会保険とは、公的に運営されている保証制度のことをいいます。

具体的には、**医療・年金・介護・雇用・労災の各種保険制度**のことです。

保険という言葉だけを見ると、民間の保険会社の生命保険のようなイメージがあるかもしれませんが、これは国が運営する公的な制度です。ですから民間保険会社とは大きな違いがあります。民間の保険は加入の際に審査があり、加入できないケースも多々あります。一方社会保険は、一定の条件において誰でも加入することができます。加入の義務があるので、むしろ加入しなくてはなりません。

社会保険の中でも、例えば、医療保険や雇用保険などは、週に働く時間が一定時間を超えると加入しなければならない決まりです。人を雇用する際には必ず発生する義務ですから、本章P144の「**関係各所への届出**」にあった労働保険や健康保険の適用事業所と被保険者の届出の業務から流れを理解しておきましょう。

いざという時に労働者を助けてくれる労働保険

次は労働保険について説明します。労働保険とは、雇用保険と労災保険の2つを含む名称で、職を失ったり業務中に事故にあったりした場合に経済的な保障を行います。

雇用保険については一定の条件下で離職した場合に保障されます。

労災保険は、業務中や通勤中の事故や怪我などの際に保障を行うものです。ですからたとえ1時間しか働かない人でも、すべて対象となります。

社会保険について

健康保険

健康保険は、加入者本人やその家族のケガや病気の時に給付される。

厚生年金

厚生年金は、加入者が一定年齢になったら、年金として給付される。

会社の加入要件

- 役員や従業員数に関係なく設立したら必ず加入しなくてはならない。

従業員の加入要件

- 会社が社会保険の加入事務所である
- 正社員もしくはパート・アルバイトで、正社員の4分の3以上の労働時間がある

令和4年10月からの短期労働者に対する健康保険・厚生年金保険の適用拡大

法律改正に伴い短期労働者の健康保険・厚生年金保険の適用がさらに拡大されます。従前の制度との変更点は以下のとおりです。

要件早見表

対象	要件	平成28年10月～(現在)	令和4年10月～(改正)	令和6年10月～(改正)
事業所	事業所の規模	常時500人超	常時100人超	常時50人超
短時間労働者	労働時間	週の所定労働時間が20時間以上	変更なし	変更なし
	賃金	月額88,000円以上	変更なし	変更なし
	勤務期間	継続して1年以上使用される見込み	継続して2ヶ月を超えて使用される見込み	継続して2ヶ月を超えて使用される見込み
	適用除外	学生ではないこと	変更なし	変更なし

POINT!

社会保険の加入手続きは、所轄の年金事務所で行います。

労務管理と必要なもの・こと

法定三帳簿について知ろう

人を雇用すると発生する仕事は、まだあります。そのひとつが労務管理です。労務管理といっても、採用や教育までを含む場合もありますが、ここでは実務上の事務についてみていきます。なぜその部分に絞るかというと、労務管理において「法定三帳簿」と言われる帳簿類を整備することが法律によって定められており、きちっとした管理がなされていなければ処罰されることがあるからです。

法定三帳簿というのは、「**労働者名簿**」、「**賃金台帳**」、「**出勤簿**」の3つのことです。これらは、近年増加傾向にある、会社と従業員間で起こる労働問題のトラブルに関する裁判や調停において必要になるものですから、しっかりと整備・管理・保管していく必要があります。

労働者名簿とは、読んで字のごとし、会社で働いている従業者の名簿ということです。労働者名簿には、記載しておかなければならない項目が決められています。住所・氏名・生年月日・性別・雇い入れの日・従事する業務・退職者の場合は退職日と退職事由などが定められています。労働者名簿の保管期間については、退職日から3年と義務づけられているため、退職したからといって早々に破棄することのないようにしましょう。

また、これらは個人情報になります。ですから、誰でも簡単に見られる状態での保管は避けなければなりません。労働者名簿の書式は特に決まりがありませんので、上記の必要事項が記入できる書式を各会社で用意すれば大丈夫です。

注意したいのは、やはり**退職日から3年間の保管義務**です。従業員ごとに保管期間がバラバラになりやすいですから、複数の人をまとめるような名簿ではなく各個人ごとに分割してファイリングすることをおすすめします。

法定三帳簿

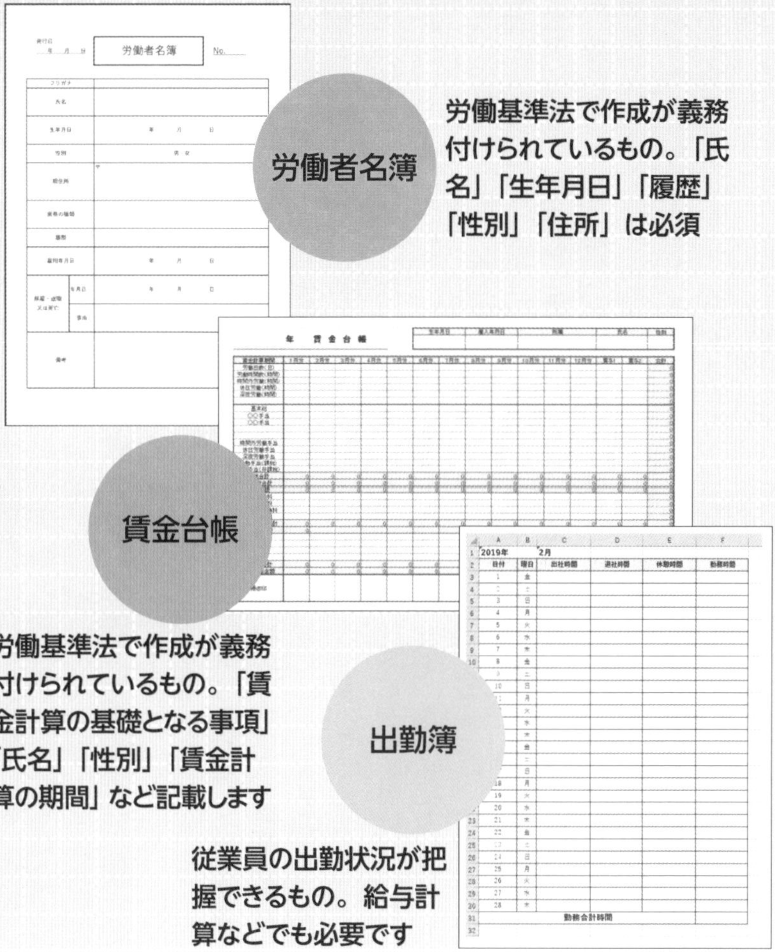

労働者名簿

労働基準法で作成が義務付けられているもの。「氏名」「生年月日」「履歴」「性別」「住所」は必須

賃金台帳

労働基準法で作成が義務付けられているもの。「賃金計算の基礎となる事項」「氏名」「性別」「賃金計算の期間」など記載します

出勤簿

従業員の出勤状況が把握できるもの。給与計算などでも必要です

POINT!

法定三帳簿は、労働基準法に基づいて作成を義務付けられているものです。作成した書類は、3年間保管が必要です。

SECTION 18

会社設立後にやりたいこと

会社のスタートをスムーズにしよう

忘れがちだけど、会社を運営する上で必要なもの

ここでは、会社を運営していく上でないと困るものについて紹介していきます。公的機関等に提出しなくてはならない書類などはこれまでに紹介してきましたが、そうしたもの以外に用意しておかないといざという時に困るアイテムがいくつかあります。

名刺

まず、無いと困るのが「名刺」です。会社の規模に関わらず、名刺はあなたがこれから出逢おう多くの経営者、お客さま、取引先、管轄行政などの人々が最初に感じる「会社のイメージそのもの」といっていいほど大切なものです。会社の事業や商品・サービスに合ったデザインの名刺を考えたりすることも、忙しくなってからではなかなかじっくり取り組めないので、時間のあるうちにやっておきましょう。

ゴム印

会社を経営していると様々なシーンで会社の住所、会社名、代表者氏名などを書類に記入することがあります。時には、手書きではとても追いつかない量の書類も存在しますので、会社ゴム印はないと困るものになります。会社印を作る際に、一緒に発注しておくと忘れずに済みます。また会社の代表印も含めて、印鑑は意外と置き場所に困る上に、万が一失くしてしまうと大変です。手提げ金庫のような保管ケースも用意しましょう。

オンラインバンキング

オンラインバンキングは、会社の口座のお金を送金したり振り込まれたお金を確認したりするサービスの名称です。最近ではほぼ全ての金融機関の口座でこの仕組みを使うことができますので、法人口座に導入しておけばそれでOKです。

会社を経営する上で頼れる専門家

内容	専門家
会社設立に関する行政手続き書類の作成や申請の代行	行政書士／司法書士
会社設立や登記に関する手続きの代行	司法書士
資金調達に関するアドバイスや融資の相談、各種補助金申請に関する相談	税理士／中小企業診断士
税務申告や会計処理について	税理士
社会保険・雇用保険・労働環境に関する相談	社労士
商標登録や特許申請に関する相談	弁理士
民事訴訟に関することや契約書のチェックなど	弁護士
集客やマーケティング、PR戦略などに関する相談	コンサルタント

名刺

会社のイメージに合ったものをデザインしてもらおう

ゴム印

書類作成の時にわざわざ記入しなくて済む

インターネットバンキング

銀行へ行く手間が省けるだけでなく手数料が安くなることも

POINT!

ないと困るものは、早めに用意しておきましょう！　専門家については、日頃からお付き合いをしていると、いざというときに頼りになるだけではなく、いい情報を教えてくれることもあります。

COLUMN

もしも会社を解散することになったら……

会社を設立する前から考えたくないかもしれませんが、やむを得ず会社をたたまないと行けなくなった時のことも知っておきましょう。

会社をやめる時は、設立時と同様に登記が必要になります。会社を解散させる時の手続きは、解散登記の他に財務処理や財産整理を終えたことを伝えるための登記を行います。

会社を解散するための処理業務を行う人のことを精算人といい、基本的には代表取締役が代表精算人として処理業務を行っていきます。会社を解散する際の主な流れは図のようになりますが、解散手続きは複雑で手間がかかるため、専門家の力を頼るのが懸命です。

資金を調達するためには

街から逃れて
キジのすみかで
体制を
整え直した
キビキビ
バスターズ
みんなの
おかげで
事業拡大の
資金を集める
準備が
整った！
法人口座の
開設も
済ませたし
バンク
バンク
BANK
社会的な
信用を
示せる客観的に
なった法人に
スーツ
スーツ♪
洋服
鬼退治の
効率を
アップできる
あの名刀が
いよいよ
この手に……？

一振りで千匹の鬼を
退治できるという
伝説の名刀
『KIBIKIBI剣』(超高額)
法人化したことで
多額の融資を受けたなら
いよいよネットで注文だ！
注文する
ワォオオーーン!!(嬉)
キキー!!(嬉)
カタ
カタカタ
カタ
カタタ……
お

それはそれとして
近日中に補助金の
公募があるようだキジ
出しとく
キジ？
いいですね
補助金！
補助金を
見込んだ
プランも
考えましょう
クラウド
ファンディング
という手も
あるキジね
出しとく
キジ？
キキキ！
ウッキ
ウキ！
（最高！
クラファンで
手早く資金を
集めよう）
法人化
したことで
信用が
増したから
ワン！
ウキ！
個人の時より
高みに行ける
可能性が
増えたキジね
では
どんどん
行くキジ
信用レベル
しばし
待たれい

5章を読んで慎重に融資を受けましょう

SECTION 01

会社の資金調達を行う

自分で用意できない時の資金調達

資金は会社にとって燃料と同じ

会社の規模を問わず、会社の活動や運営において、お金を必要としないものはほぼありません。会社にとって、お金は車のガソリンと同じです。お金は会社が会社として機能するための燃料なのですから、これがなければ活動自体が不可能となり、果ては倒産という悲劇を迎えます。多かれ少なかれ、**会社は資金を調達するという行動と無縁ではいられない**のです。車と同じで、より早く目的地にたどり着こうとしたりより遠くまで行こうとしたりしたら、多くの燃料を使うことになるのと同様に、会社を成長させるためには多くの資金が必要になります。

資金調達の方法を知ろう

資金は会社にとっての燃料であるといいましたが、個人でその全てを用意するには限界があります。お金が用意できるのを待っていたら、ビジネスチャンスを逃してしまうこともあるでしょう。何かやりたいと思っても、自分でお金を用意できない時のために、資金を調達するための方法について知っておきましょう。

資金調達の方法として本書で主にご紹介したい方法は、融資、補助金・助成金、クラウドファンディングです。それぞれの詳細については後述しますが、融資は、会社の経営者の個人資産の利用を除けば最もポピュラーな方法といえます。銀行や政策金融公庫などに融資の申し込みをし、審査を経て融資実行という流れです。補助金・助成金での資金調達は、国や地方行政、自治体や組合などが独自の企画に基づいて、特定の事業や目的に要する資金を補助・助成する制度です。クラウドファウンディングは、インターネット上で応援してくれる人から寄付を得られるしくみです。

会社にとって資金は燃料

資金調達

融資	金融機関や知人、親族などから融資提供を受けることです。融資を受ける際は現実的な返済計画を立てることも忘れずに。
補助金・助成金	一定額、国や自治体などが補助してくれます。ただし、場合によっては審査があるので確実ではありません。
クラウドファンディング	リターンを提供する代わりに資金提供してもらうしくみです。
株式の発行	株式の発行は自己資金調達なので、返済義務がありません。

資金があればいろいろなことに挑戦できる!

知っておきたい担保のハナシ

金融機関から融資を受ける際、債権者が債務を履行しない場合に備えて、債務の弁済を確保する手段のことを担保といいます。担保には下のような種類があります。

人的担保
- 保証人
- 連帯保証人

物的担保
- 不動産
- 有価証券など

POINT!

近年、資金調達の方法はいろいろあります。それぞれに特徴があるので自分の事業にあったものを見つけましょう。

SECTION 02

融資を受けるポイント

融資を受ける時の注意点を知っておく

返済計画をしっかり立てておこう

一口に融資といっても、融資は金融機関からだけでなく知人、親族から受ける場合など様々あります。いずれにしろ、融資を受ける際に大事なのは返済計画です。お金を借りているという状態は、多かれ少なかれストレスを伴うことですから、なるべく早くそれから逃れたいと思うのは当然のことです。

しかし、会社としては毎月の返済額の負担が大きくなることで、思いもよらない損失が生まれることがあるので注意が必要です。会社を設立し、その会社の存続期間を最初から設定していることは稀でしょう。個人の借金なら、生きているうち、収入があるうちに返済する計画が基本となりますが、会社の場合は経営者個人とは別人格になりますから、返済計画は、**金融機関が設定する最長の期間で返済するという計画が無難**です。なぜなら銀行に返すお金が新たな売上を上げることはないからです。売上や利益を上げることができるのは投資に当てることができる手元にあるお金だけです。

金融機関選びも大切

融資を受けるなら、まずは金融機関を選びます。融資してくれる金融機関はいくつかありますが、**会社の口座がある金融機関での申し込みを最優先で検討**することを私はおすすめしています。なぜなら金融機関は原則、他の機関の口座の情報は知ることができないので、普段の財務状況を知ることができる金融機関の方が審査で有利だからです。

その上でまず担当窓口に融資申し込みの意思があることを伝えて、必要な資料を案内してもらい、そのすべてをしっかりと用意して審査をしてもらいましょう。特に事業計画書と売上試算書は精度の高いものを作りましょう。

融資は計画的に

【金融機関を選ぶ】

- 会社の口座がある金融機関
- 政策金融公庫

【融資担当窓口へ申込】

- 事前相談
- 必要書類の準備
- 事業計画書と売上試算書は数字の根拠を説明できるようにしましょう!

POINT!

融資の返済期間は金融機関が提案する最長で！　月々の返済額を小さくして手元に資金が残るようにしましょう！　それが、次の投資のお金になり会社の成長につながります！

SECTION 03

法人口座を開設した金融機関がおすすめ

民間の金融機関は審査が厳しい？

民間金融機関とは、私たちが日頃利用している金融機関のことです。民間の金融機関も様々な融資を行っており、審査に通れば融資を受けることができます。

民間金融機関の融資の特徴として、国や地方自治体の融資制度に比べて審査が厳しいため、なかなか簡単には融資してもらえないという人もいます。会社を経営していく中で、いずれは金融機関から融資を受けることもあるでしょう。まずは、金融機関から融資を受ける上で大切なことや、一般的な融資の流れについて説明します。

どうすれば融資してもらいやすくなる？

民間金融機関から融資をしてもらいやすくする上で大切なことは、何より信用です。金融機関としては、お金を貸したら返済期日を守ってきちんと返してくれる相手であるかどうかが重要なのです。融資をしてもらいやすくするために、担当者と良好な関係性を築くことも大切ですが、やはりビジネスですから、コミュニケーションよりもまずは実際にお金の貸し借りに対して誠実に対応していくことが大切です。

民間金融機関から融資を受ける場合、どの金融機関へ相談してもいいのですが、**おすすめは法人口座を開設した金融機関**です。法人口座を開設した金融機関であれば、すでに口座を開設する時点で会社について審査が済んでいるわけですから、ある程度信用がある上に、金融機関からすれば口座を開設しているお客様なわけです。いきなり取引のない金融機関へ出向くよりかは、よほど前向きに対応してもらえるはずです。

また、**会社のメインバンクはコロコロと変更しない**方がいいです。特別な理由もないのに取引の銀行を変更すると、信用できない相手だと思われかねません。

民間金融機関からの融資の流れ

1 法人口座を開設する（P.150）

金融機関からの融資はすでに口座を開設したところから受けるほうがスムーズです。

2 取引を開始する

定期的に入金がある状態をつくり、取引の実績があることを証明しましょう。

3 担当者との関係構築

担当者からの依頼や金融商品の提案などは親身に話を聞く姿勢をつくっておく。

4 新規事業計画の説明（P.90）

新たに計画している事業について、説明します。

5 返済計画の説明

確実に返済できることが伝わるように説明します。

6 融資へ

融資を受けたあとは、決められた返済期日にしっかり返済し、信用をつみかさねていきましょう。

POINT!

担当者との関係づくりは自分の利益ばかり考えずに相手の利益も考えることが大事です。

SECTION 04

国から融資を受ける

日本政策金融公庫を利用する方法

小さな会社でも融資が受けやすいのが特徴

融資をしてくれる機関は色々ありますが、一つ代表的なものとして政府系金融機関である日本政策金融公庫の存在を覚えておきましょう。

あまり聞いたことがないかもしれませんが、日本政策金融公庫は、政府のお金で作られた金融機関です。これから設立する会社や小さな会社の場合、一般の金融機関からの融資を受けるのが難しい場合があります。その点日本政策金融公庫なら、**小さな会社でも融資を受けやすく、金利が低め**です。日本政策金融公庫では、融資制度が色々ありますが、中でも『新創業融資制度』については、新たに事業を始める人、もしくは事業開始から確定申告を2期終えていない人に対して最大3000万円の融資があります。しかも、融資を受ける際は、無担保・無保証人でも融資を受けることができるので、比較的安心して融資を受けられます。

融資を受ける流れ

次に、融資を受ける流れについて説明します。

日本政策金融公庫で融資を受ける場合の流れは、①全国各地にある窓口で相談する ②登記事項証明書等の必要書類を添えて申込書を提出する ③担当者と面談する ④融資が決定したら、契約書を提出する。という流れです。融資の申請から実行までの期間は約1ヶ月が目安です。

日本政策金融公庫の融資プランは、対象者や目的別にいくつか種類がありますから、自分がどの融資プランを受けたらいいか、事前に窓口で相談しておくといいでしょう。

他にも、政府系金融機関としては、商工組合中央金庫も創業支援のための融資を行っています。気になる人はそちらもチェックしてみましょう。

日本政策金融公庫からの融資の流れ

1 窓口で相談し、申し込むプランを決定する

窓口は、全国に152支店あります。

2 申し込む

申し込み時に必要なもの
- 借入申込書
- 運転免許証（マイナンバーカード）
- 不動産賃貸借契約書
- 登記簿謄本
- 通帳
- 支払い明細書
- 営業許可証
- 創業計画書

3 担当者と面談する

4 融資決定、契約書提出

ほかにもいろいろ融資制度があります
- 一般貸付
- 新企業育成貸付
- 企業活力強化貸付
- 環境エネルギー対策貸付　など

日本政策金融公庫ホームページ
https://www.jfc.go.jp/

POINT!

新創業融資制度は、起業する人に比較的やさしいくにの融資制度です。

SECTION 05

地方自治体の融資制度は中小企業向け

手続きが簡単で固定金利なのが特徴

各都道府県も、金融機関を通じて融資制度を設けており、主に中小企業を対象に融資を行っています。地方自治体の制度融資の特徴は、**民間の金融機関と比べて手続きが簡単でかつ金利も固定金利**という点です。地方自治体によっては、融資につく利子の一部を負担してくれるところもありますから、詳しい条件等は各自治体の窓口で担当者に直接問い合わせください。

3者が連携して融資を行うしくみ

さて、この地方自治体の制度融資は、しくみが少し変わっています。地方自治体の制度融資は、それぞれの地方自治体と民間の金融機関、信用保証協会という団体が連携して融資が行われることです。金融機関は、融資をしたお金がきちんと返ってこないと貸し倒れになるリスクがあります。そうしたリスクを自治体と信用保証協会が間に入ることで防ぐしくみとなっています。

地方自治体の制度融資の流れは次のようになります。①まず融資を受けたい人が地方自治体に制度融資の申込みを行います。②申し込みがあったら、自治体は連携している指定の金融機関に対し、融資資金や金利の一部を提供します。③融資を受ける人の保証は信用保証協会が行います。④条件が整い次第、指定の金融機関から会社へ資金が融資されます。⑤融資を受けた会社は、決められた期日に返済していきます。ちなみに、この信用保証協会は誰に対しても保証してくれるかというとそうではありません。融資の返済に延滞経験がある人や、法的な手続きの最中にいる人などは対象外になるケースもあります。地方自治体の制度融資は、自治体がそれぞれ独自に行っている取り組みですから、やはり詳しいことは本店所在地のある自治体へ問い合わせた方が確実です。

地方自治体の制度融資のしくみ

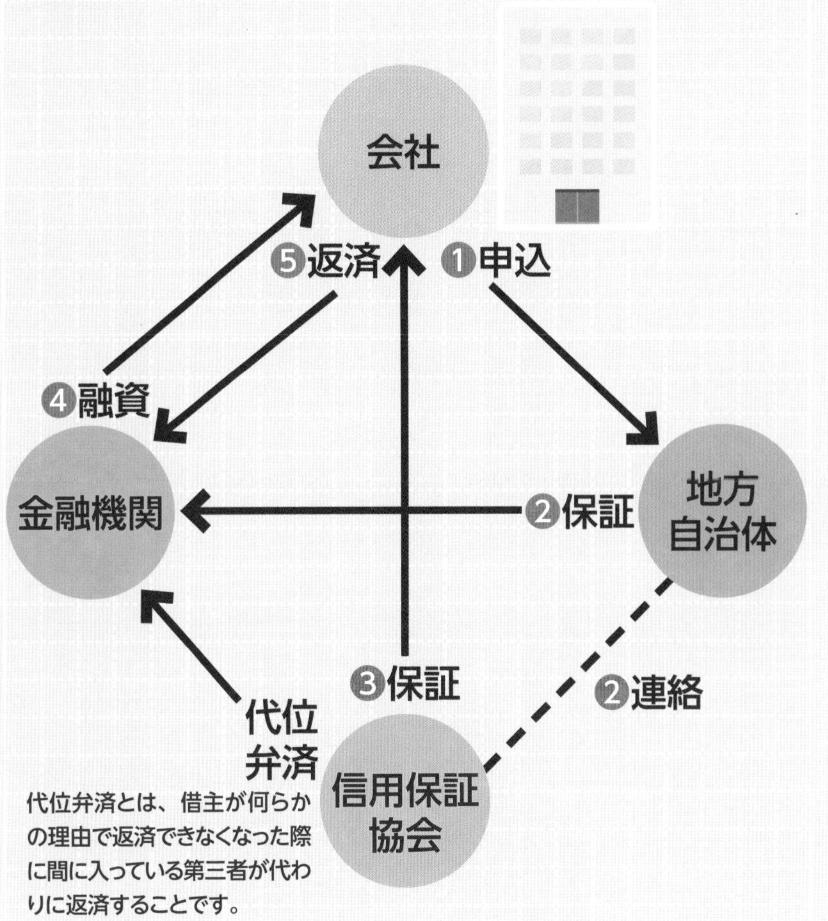

代位弁済とは、借主が何らかの理由で返済できなくなった際に間に入っている第三者が代わりに返済することです。

POINT!

地方自治体と金融機関、信用保証協会が協力して行っている融資制度です。

SECTION 06

補助金について知ろう

条件に当てはまるなら、補助金活用もアリ

補助金だったら返さなくてもいい？

補助金や助成金という言葉は、よく聞かれると思います。最近では支援金や給付金なども増えていますが、これらはすべて返さなくていいお金ですから、是非とも活用したい制度です。

まず補助金について理解していきましょう。補助金とは他の助成金や支援金同様、**制度に基づき決められた事業や設備投資、環境整備などにかかる費用のうち、何割かの金額を補助してくれるもの**です。

ですから申請した全員がもらえるわけではありません。補助金をもらうには、公募期間内に要綱に定められた資料を揃えて申請し、まずは審査を受けます。その後、無事採択されれば、金銭の交付はその後補助金が適正に使用した証拠などを提出してから実行されることが多いです。必ずもらえるものではありませんが中には、かかる費用の8割近くが補助される制度もあります。

常にアンテナを張っておこう

補助金の活用で大事なことはなんといっても情報収集です。補助金は申請できる期間に定めがあり、さらに継続的に行われるものが少ないからです。気がついた時には公募期間が終わっていたり、そもそも補助金の存在すら知らなかったりすることも多々あります。

補助金に関する情報は普段から調べておき、定期的に確認するようにしましょう。ただし、活用に関して忘れないで欲しいことは、「必ずもらえるわけではない」ということです。金額が大きいがゆえに補助金が採択されなければその計画が進められない、あるいは進まないといったような、会社の事業計画に大きな支障をきたすような状態になることは避けましょう。

補助金を受けるための基本的な流れ

❶情報収集
経産省のミラサポPLUS（中小企業向け補助金総合支援サイト）などを使って情報を収集する。

❷事前相談
各窓口へ書類などの相談をしましょう。※予算状況や必要書類などをしっかり確認してください。

❸申請／審査
申請書様式、事業計画書、登記簿謄本、経費見積書など、定められた書類を提出します。※締切があるので注意

❹交付決定
事業に関する契約は「交付決定後」に行うように定めているケースが多いので注意!

❺事業実施／報告
事業を実施し、実施内容について報告します。かかった費用などもまとめて提出します。

❻金額確認通知
ここでようやく補助額が確定。請求書提出の指示があります。

❼請求書の提出
行政へ請求書を提出します。

❽交付
補助金にもよりますが、およそ1ヶ月ほどで入金されます。

補助金の例
- 小規模事業者持続化補助金
- IT 導入補助金
- ものづくり補助金　など

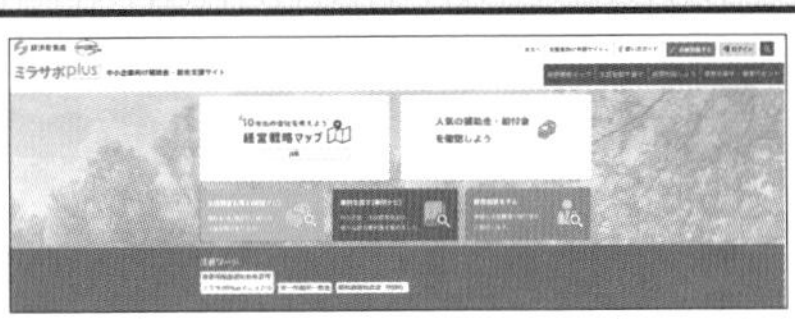

ミラサポPLUS : https://mirasapo-plus.go.jp/

POINT!

補助金は基本的に後払いになるので、最初にお金を用意しておかないといけません。また、申請期限を過ぎると受け付けてもらえないので申し込みをするときは期限に注意しましょう。

SECTION 07

助成金を活用する

雇用に関わることなら助成金が出ることも

条件を満たせば交付される

次に助成金です。こちらは主に雇用や人材に関する活動に対して金銭が支払われることが多い制度です。こちらも同じように要綱に定められた資料を用意して申請することになりますが、補助金との大きな違いは、補助金は採択であるのに対し、助成金は**条件を満たしていれば交付される可能性が高いもの**です。

ちなみに、支援金や給付金と言われるものも、助成金に近い性質をもった制度です。そういった事情から補助金より金額が小さくなる傾向にありますが、条件に当てはまっていても、申請しなければもらえませんから、こちらも普段から情報収集をしておくことが大事になります。

また補助金とは異なり、継続的に実施されている制度も多いです。

人を雇用するなら助成金をチェック

助成金の対象になるのは、人材育成や雇用に関するものや、継続的に実施されている、あるいは条件を満たせばもらえるといったものなど様々あります。特に雇用に関するものなどは、従業者の増員のタイミングなどを見極め、助成金と合わせてスケジュールを組んでいくといいでしょう。

わからないことは専門家に頼ろう

助成金の申請で頼りになるのが専門家の存在です。専門家は、その分野に関する思わぬ有益な情報などを提供してくれることもあります。ですから、継続的に依頼することを念頭に、何人かの専門家やコンサルタントに問い合わせなどして長くおつきあいできそうな方を選んでみるのも良いでしょう。

助成金は要件を満たせば交付される

【どんな助成金があるのか調べる】

- 国のHP（経済産業省や厚生労働省などの）
- 地方自治体のHP

人材育成や雇用に関するものが多い

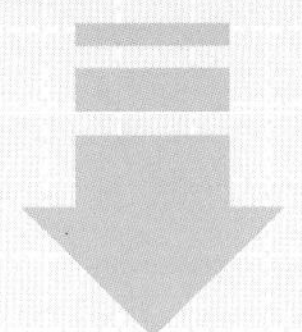

【窓口へ申込】

- 事前相談
- 必要書類の準備
- 条件を満たしているか?

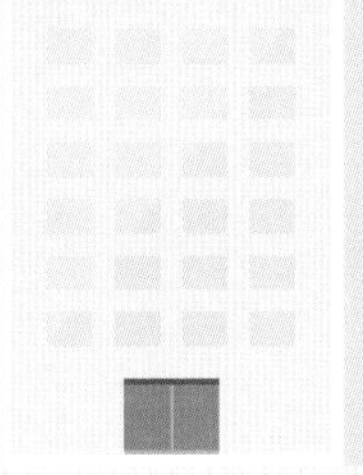

助成金は要件を満たしていればもらえるものなので、社会保険労務士などの専門家へ手続きを依頼しても、補助金のように交付されなかった場合の費用の損失などの負担は小さくて済みますね。

SECTION 08

クラウドファンディングで資金調達

流行りのクラウドファンディングってどうなの？

クラウドファンディングのしくみを知ろう

クラウドファンディングとは、**新しく取り組みたい事業やサービス、商品の開発や立ち上げなどにかかる資金を広く不特定多数の人や企業に対し、その内容や魅力、将来性、意義などを主にインターネット上で公開し、賛同者からお金を提供してもらう**サービスのこと指します。

自社の商品やサービスの開発、発展に対し資金を出してもらうというしくみ自体は、昔からあります。でも、やはりインターネット環境が浸透し、他人の事業に投資をするという少し前は一般的でなかった行為を個人単位で簡単に行えるようになったことが、普及を加速させた要因の一つでしょう。これは出資者だけでなく、出資してもらう側にも同様のことが言えますが、双方の間口が広がったことで「投資＝リターン目的」という、そもそものの概念にも影響を与え、今では寄付行為、購買行為もこのクラウドファンディングの枠組みに入っています。

クラウドファンディングのメリットとデメリットは？

クラウドファンディングのサービス自体は民間の企業によってインターネット上のサイトから提供されていることがほとんどです、現在は多くのサイトがありますので、まずはいろんなサイトのサービスを比較し、どこを使うかを決めましょう。ただし、寄付型や購買型など資金の集め方のスタイルを問わず「第三者から資金を集める」という行為であることに変わりはありません。詳しく書かれている書籍などで情報を収集し、慎重に取り組みましょう。

気軽に資金調達できる点は魅力ですが、集まる資金額と集まる時期がまったく読めないことはクラウドファンディングで資金調達を行う大きなデメリットです。補助金と同じく、常に代替プランを用意して対応しましょう。

はやりのクラウドファンディングって？

自己資金がなくても、事業に賛同してくれる人から資金を集めることで、やりたいことが叶えられる資金調達のしくみです。
出資してくれた人には、何らかのリターンを用意するのがルールです。

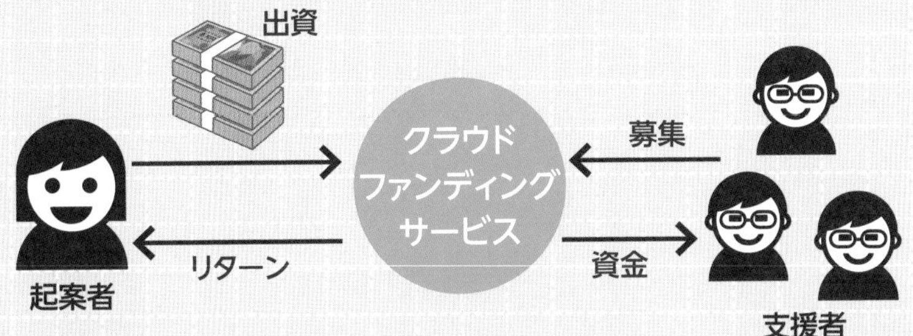

クラウドファンディングサイト選びのポイント

手数料
調達金額の5～10%程度手数料がかかります。せっかく資金調達ができても手数料が高いとその分、資金が少なくなってしまいます。

成功率
一般的に成功率は30%くらいといわれています。ユーザー数やジャンルなどで成功率は変わるので、高ければいいというわけではありません。

ユーザー数
ユーザー数が多いクラウドファンディングのサイトなら、アプローチできる人数が多いということ。つまり、資金調達に成功する可能性が高くなるということです。

得意なジャンル
クラウドファンディングのサイトによって、得意なジャンルはさまざまです。多いのは、購入型（お金を支援し、商品やグッズ、サービスなどのリターンを得る）ですが、寄付型もあります。

POINT!

現在、日本で普及しているクラウドファンディングは、「購入型」のサイトが多いです。いかに魅力的なリターンを用意できるかが、成功の分かれ道です。

SECTION 09

家族や知人から借りる時

身内が融資をしてくれると言ったら

借りる時は慎重に

起業する際に、もしかしたら家族や知人・友人がお金を貸してくれることもあるかもしれません。資金調達は、できれば国や自治体、金融機関などからきちんと借りたほうが何かと安心だと思います。ですが、起業するあなたを応援する意味で貸してくれるケースもあるはずです。しかし、**会社経営に係るお金は金額も大きくトラブルになりやすい**のが現実です。いくら家族や仲がいい人から借りるといっても、慎重に判断するようにしてください。

きちんと書類を作成してトラブルを防止しよう

家族や知人からお金を借りることになった場合は、必ず借りたことを証明する書面を作成しましょう。これには「**借用書**」や「**金銭消費貸借契約書**」などが当てはまります。この2種類の書類はどちらも金銭を借りたことを証明する書類なのですが、借りる金額が大きい場合は後者の金銭消費貸借契約書を作成する方が適しています。書類は同じ内容のものを2部作成し、お互いに保管しておいてください。書類の作成は手書きでも構いませんが、書類には署名と押印をしておきましょう。

金額によっては贈与税が発生することも

もしかしたら「貸すのは嫌だから、あなたにあげる」と言ってくれる人もいるかもしれません。特に身内の場合はそうしたケースが多いかもしれません。ここで実際に金銭を受け取るかどうかはあなたの判断にお任せしますが、もし受け取る場合は贈与税に注意しましょう。贈与税とは、財産を個人からタダでもらう場合に納めなければならない税金のことです。税率は贈与額によって変わりますから、詳しくは税務署に問い合わせてください。

借用書サンプル

気心知れた相手でもお金の貸し借りはトラブルのもと。資本金の借用に限らず、物品でも必ずこのような書類を作成してください。

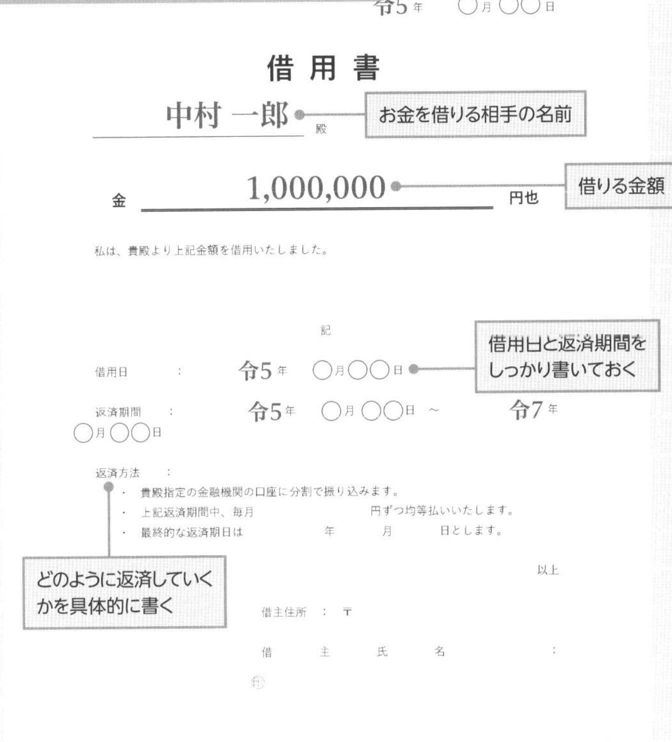

令5 年　○月 ○○日

借用書

中村 一郎 殿

金 1,000,000 円也

私は、貴殿より上記金額を借用いたしました。

記

借用日　：　令5 年　○月○○日

返済期間　：　令5 年　○月 ○○日 ～　令7 年 ○月 ○○日

返済方法　：

- 貴殿指定の金融機関の口座に分割で振り込みます。
- 上記返済期間中、毎月　　　円ずつ均等払いいたします。
- 最終的な返済期日は　　年　　月　　日とします。

以上

借主住所　：　〒

借主氏名　：

㊞

POINT!

家族や友人からお金を借りるのはおすすめできません。きちんと金融機関から融資を受けましょう。また、贈与として資金提供を受けた場合は税金に注意してください。

COLUMN

会社の備品や設備を節約したい場合はどうすればいい？

創業時には何かと設立準備のために何かとお金がかかります。もちろん必要なものにはお金をかけなくてはいけませんが、案外負担になるのが会社の備品や設備です。

机や椅子、書類を保管する棚、あるいはコピー機（複合機）は、業務を進める上で必要不可欠ですが、新品購入だと金額が高くなることもあります。その場合、少しでも支出を抑えられるなら、中古やリースサービスの活用がおすすめです。

中古品の購入で気をつけたいのは、フリマアプリで購入する場合です。

フリマサイトとして代表的なサービスに、日本最大級のフリマサイト「メルカリ」がありますが、メルカリでは購入した商品の領収書を発行する機能やサービスがありません。ですからその場合は、商品の詳細情報や落札情報など支払いの内容がわかるページを印刷などして残しておきます。

口座から振り込んだ場合は、通帳や振込票が領収書の代用にできます。またクレジットカードを使用した場合は、明細をコピーし、詳細を余白にメモするなどして対応します。

メルカリ：https://jp.mercari.com/

儲ける
経営者マインド

みごと
法人化を
果たし
融資を受けて
帰ってきた
桃太郎
村では
おじいさんと
おばあさんが
あたたかく
出迎えた
鬼退治
鬼退治
法人

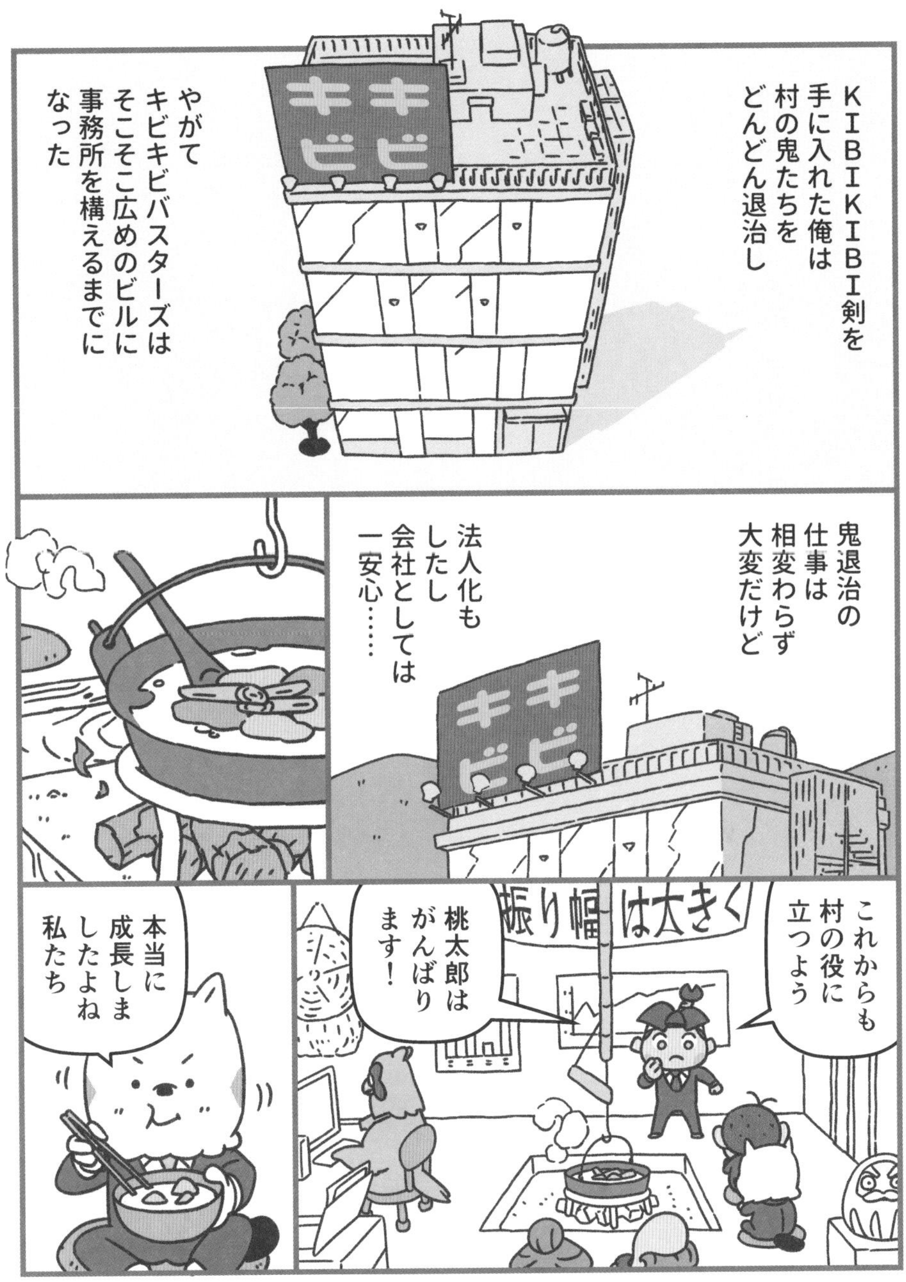
KIBIKIBI剣を
手に入れた俺は
村の鬼たちを
どんどん退治し
やがて
キビキビバスターズは
そこそこ広めのビルに
事務所を構えるまでに
なった
キビ キビ
鬼退治の
仕事は
相変わらず
大変だけど
法人化も
したし
会社としては
一安心……
キビ キビ
これからも
村の役に
立つよう
桃太郎は
がんばり
ます！
振り幅は大きく
本当に
成長しま
したよね
私たち

そうだ！
街であこぎな
商いをしていた
連中もこの際、
我々の手で
叩き潰して
やりませんか？
ムッキムキ！
←根に持つタイプ
街の鬼の
ことか
……
たしかに
彼らは、
社会の
ためになる
商いを
やっていない
とはいえ
俺たちと同じ
認められた
法人……
KIBI
KIBI剣で
簡単に成敗、
という相手では
ないことが
今ならわかる
先んじた法人と
勝負するには
何が要る？
法人として
俺は
どうしたいんだろう？
うーーーーーーーーー……ん
法人化

俺はまず自分たちの利益を上げたい
考えたい！
もっと利益を増やすにはどうすればいいいか？
そう
法人にとって
必要なのは
事業計画書
『儲ける』というマインドそのものだキジ!!
グッドラック！
えっ終わり？
6章を読んで法人のマインドに触れましょう

SECTION 01

経営者としてのマインド

経営者は「儲け」を意識しよう

ビジネスは「儲け」がなければ難しい

会社の事業を拡大させるには、「儲け」が必要です。儲けがなければ、事業拡大どころか存続すら危うくなってしまうかもしれません。では、儲けとは一体何なのでしょうか。儲けるとは、利益を得るということです。**利益というのは、販売した金額から仕入れた金額を引いて、手元に残ったお金**のことをいいます。例えばある雑貨を1000円で仕入れたとしましょう。そしてその雑貨を1500円で販売したとします。するとあなたの手元には、500円が残るはずです。この500円が利益です。この利益がどれだけ多く残せるかが、会社経営を安定させる上で大切ですし、経営者としてのあなたの力量が問われるところでもあります。

会社運営費だけでも十分な支出になる

できるだけ儲けを増やすために経営者としてぜひ身につけていただきたいのは、コスト意識です。**コスト意識とは、あらゆる物事をお金に換算して考えるスキル**だと考えてください。先ほど、1000円で仕入れた雑貨を1500円で販売するというお話をしましたが、それだと儲けはたったの500円です。

「500円でも、儲けがあるのだからいいのでは？」と思われるかもしれませんが、商品を仕入れるためには、仕入れ先を探すために動いた自分の時給や交通費などがかかっています。また、商品を仕入れた後に販売するためにネットショップを開いたとしたら、ショップの利用手数料なども必要になります。ネットショップの利用料だけでなく、商品撮影のための機材購入費用やスタッフの人件費、使用する文房具なども全てコストです。

事業を通してどのくらい儲けを出していけばいいのかを考えていくには、このようなコスト意識を徹底させることが基本になります。

儲けるとは？

商品を販売した後に、手元に残るお金をどれだけ増やせるかが大事です。
「儲け」のない会社は、事業拡大どころか存続も危うくなります。

儲けが500円ある場合	販売価格 1,500円	+	仕入れ価格 1,000円	=	儲け 500円
儲けが0円の場合	販売価格 1,000円	+	仕入れ価格 1,000円	=	儲け 0円

安く買えて嬉しい!

消費者は喜んでも、儲けがゼロでは意味がない

あらゆるものに対し、コスト意識を持とう!

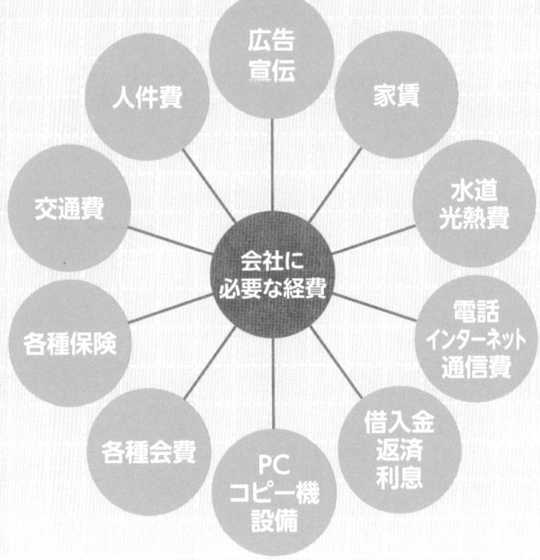

POINT!

薄利多売の商売もありますが、それだとたくさんの商品を販売しなければ成り立ちません。わずかでも儲けがあるならよしとするのではなく、コスト意識をしっかり持ち、手元に残せるお金ができるだけ多くなるように考えましょう。

SECTION 02

コスト意識を徹底しよう

コストを考えるときは、時間コストも忘れずに入れる

作業にかかった時間を、全部お金に換算してみよう

コストを考えるときに忘れがちなのが、時間コストです。時間コストとは、**ある仕事に関わることで発生する時間に対し、かかったお金**と考えてください。

では、具体的にどのような時に時間コストが発生するのでしょうか。先ほどの雑貨販売のネットショップを例にとり、店員の「時給」にスポットを当てて考えてみましょう。

まずは、「仕入れ先へ出かけて、帰ってくるまでの時間」を金額に換算してみます。この時、1時間あたりの金額をいくらとして計算すればよいのかを迷われると思いますが、いったん仮で算出してみましょう。実際は仕入れ先までの距離などによって業務完了までの時間が変わると思います。とはいえ、ここで適当に試算してしまうと、正確な値付けがしづらくなってしまうため、できるだけ現実的な金額で算出するようにしてください。

コスト試算の例

ここでは、より具体的に現実的な場面を想定してみましょう。

まず、商品の仕入れ先であるAという場所へ車で仕入れに行くと仮定します。仕入れる商品の内容や数によっては、車を用意したり取引のための書類を用意したりする必要があると思います。ですから、これらにかかった時間をすべて確定させていきます。

どのくらいかかったかを確定させたら、次にこの時間を金額に換算してみてください。時給の計算方法は、その地域の同種の労働市場における時給の相場額で試算します。この時、この時給は人件費としてではなく、業務提供に必要な原価の一部であると捉えておきましょう。

どこにお金がかかっているのかを考えよう

雑貨を扱うネットショップで販売する商品の仕入れを行う場合、時間コストがどのくらいかかっているのかを分解してみましょう。

1. **準備作業（書類の準備なども含む）** 2時間
   仕入れ先に提出する書類の作成などの準備を行う時間
2. **移動（行き）** 1時間
   仕入れ先までの移動の時間
3. **商品の受け取り** 1時間
   商品の受け取りや商談の時間
4. **移動（帰り）** 1時間
   仕入れ先から帰ってくるまでの移動の時間
5. **戻ってからの作業** 3時間
   ネットショップに掲載するための撮影作業や値付け作業の時間
6. **会計業務** 1時間
   納品書や領収書の整理など、仕入れにかかった費用を帳簿に記録するための時間

商品の仕入れのためにかかる時間コストは9時間
時給1,000円で考えると、仕入れにかかる人件費は9,000円

POINT!

商品の値付けをする場合は、作業に必要な時間分のコストも価格に反映するようにしてください。出ないと、人件費を捻出することができなくなってしまいます。

SECTION 03

粗利と純利を知ろう

粗利と純利益の違いって？

粗利と純利益がわかるようになろう

これまで「儲け」について話をしてきましたが、ここではもう少し細かい話をしていきましょう。儲けを考える上で知っておいていただきたいのが、「**粗利**」と「**純利益**」というものです。

売上から仕入れ値を差し引いたのが「粗利」

粗利とは、売上総利益といい、売上高から売上原価を引いて残った金額のことを指します。ちなみにここでいう売上原価とは、商品の仕入れ値のことを指しています。

もう少しわかりやすくするために、前項でも登場した雑貨ショップの例で考えてみます。経営している雑貨ショップでは、ある商品を仕入れ先から1個200円で200個卸してもらうことになりました。この商品の販売価格は、他のネットショップや近隣の同業店の相場などから考え、1個1000円で売ることに決めました。商品の売れ行きが好調で仕入れた分がすべて売り切れてしまった時、この取引における粗利は、売上高（1000円×200個＝200000円）ー売上原価（200円×200個＝40000円）で160000円となります。

仕入れ値から経費を引いて残った分が「純利益」

さて、粗利は売上高から原価を引いた差分でしたが、ここで差し引いた原価というのは、あくまで仕入れた商品の金額です。この仕入れ値には、この商品を仕入れて販売するまでにかかった経費が一切含まれていないことにお気づきでしょうか。正確な利益を把握するには、粗利から経費の分を差し引かないといけません。**粗利から経費を差し引いて残ったお金のことを純利益**といいますが、この純利益があなたの会社の手元に残る実際の金額です。

粗利と純利益

会社を成長させるために、「純利益」がいくらになるかを考えるクセをつけておきましょう。

粗利を計算しよう

売上高　1,000円×200個=200,000円
売上原価　200円×200個=40,000円

売上高－売上原価=粗利
200,000円－40,000円=160,000円

純利益を計算しよう

売上高　1,000円×200個=200,000円
売上原価　200円×200個=40,000円

粗利－経費=純利益
160,000円－50,000円=110,000円

POINT!

この場合は11万円が純利益として手元に残るお金です。このように、きちんと計算してみると案外お金が残らないことが発覚することはよくあります。販売してから気付くのではなく、事前に試算する習慣をつけましょう。

SECTION 04

価格設定は3つの視点で考える

利益を出すには、値付けが大事

前項では粗利と純利について説明しましたが、純利としてしっかり手元に残るような値付けができないと、経営は厳しくなってしまいます。ですからここでは、価格設定の方法（値付け）について考えていきましょう。

価格設定は、時にそれだけで企業の命運を分けることもある重要な要素です。価格設定の方法にはいろいろな考え方がありますが、ここではいつも私がお伝えしている「**外的要因**」「**内的要因**」「**計画的要因**」という3つの切り口を使った考え方をお伝えします。

外的要因とは、市場相場や広域相場、地域相場、業態相場などから価格を考えることです。例えば「市場相場」であれば、同地域にある他社がいくらくらいで販売しているのかを調査して決めたり、業界的にいくらくらいで販売しているのかを調査したりして決めることもあります。

次に**内的要因とは、原価や必要販売数などから価格を考えること**です。先ほどの外的要因とは異なり、内的要因は自分達の都合によって価格を決めていく方法です。やり方としては、まず1ヵ月で得たい売上を考え、その売上を達成するにはいくらの商品をどのくらい販売すれば回収できるかを考えます。

3つめの**計画的要因は、主に経営者が描く将来的な事業計画に基づいて価格を考えること**です。これまで粗利や純利の考え方が大切だと言ってきましたが、計画的要因においては、販売戦略等を考慮した上で、一時的には赤字になるような価格設定にする場合もあります。例えば、大量に仕入れることで仕入れ価格が安くなり、通常よりも粗利が増えるといった場合などが該当します。実際に小売業などではよく用いられる戦略ですが、安く仕入れた商品が多く売れればその分増えるだけでなく、目玉商品を目掛けた来店客を増やせる可能性があるからです。